Edith Günther/Michèle Woeller
Horst H. Günther

Fit mit Reiki

VERLAG PETER ERD · MÜNCHEN

Die Deutsche Bibliothek – CIP-Einheitsaufnahme

Fit mit Reiki / Edith und Horst H. Günther; Michèle Woeller. –
München: Erd, 1995
ISBN 3-8138-0367-8
NE: Günther, Edith; Günther, Horst H.; Woeller, Michèle

Umwelthinweis:
Alle bedruckten Materialien dieses Buches sind
chlorfrei und umweltfreundlich.

Umschlaggestaltung: BKS Werbeagentur, Unterhaching
Titelbild: Michèle Woeller
Fotografien: Michael Weber

Satz: vwi typo, Herrsching
Druck und Binden: Echter Würzburg
Printed in Germany
ISBN 3-8138-0367-8

Inhalt

Vorwort von Dr. Med. Th. Heucke

»Gott gebe mir den Mut, Dinge zu ändern,
die ich ändern kann,
die Gelassenheit, Dinge hinzunehmen,
die ich nicht ändern kann
und die Weisheit,
das eine vom andern zu unterscheiden.«

Chr. F. Oetinger

»Sie leiden an einer chronischen Krankheit – damit »müssen« Sie leben!« Mit diesen Worten habe auch ich früher als praktischer Arzt manche PatientInnen nach Hause geschickt.

Sie fühlen sich als Opfer einem Schicksal hilflos ausgeliefert, das sich an ihrem Willen vorbei, unbewußt bei ihnen eingenistet hat. Als einer, der »geschickt« hat, habe ich (als Täter) gehandelt, sie zum Leben »müssen« gezwungen, vielleicht sogar mit einer Behinderung, anstatt zur Freude am Dasein beizutragen.

Darum halte ich das Erkennen von Krankheiten für die vorrangige Aufgabe des Mediziners. Hierbei möge er genau hinhören, was »sein« Patient, »seine« Patientin ihm in Worten mitteilen und durch den gesamten Ausdruck in Szene bringen möchte. Wenn ein Symptom länger als zwei Wochen bleibt, oder gar an Heftigkeit zunimmt, gilt es stets, die Diagnose zu überprüfen. Seien Sie, liebe LeserInnen, es sich wert, gerade wenn Sie sich schwach fühlen, dieses, Ihr Recht trotzdem zu bekommen.

Weiß auch noch niemand Ihr Leiden zu benennen und will der Arzt Sie wegschicken, haben sie doch Ihr Schicksal in den eigenen Händen, die Sie auf Ihren Körper legen und sich selbst damit liebevoll annehmen können. Sie beginnen gut für sich zu sorgen, um bald »Fit mit Reiki« zu sein.

Ich freue mich, jetzt niemanden mehr »wegschicken« zu »müssen«, sondern allen, die es aus freiem Willen wünschen, das Geschenk von Reiki anbieten zu dürfen. Dankbar handle ich, wenngleich die Hilfe nicht aus mir selbst, sondern nur aus der Kraft (im

Falle der Anwendung durch mich hindurch) fließt. Sei es, Sie behandeln sich selbst oder lassen sich sanft berühren, Reiki strömt immer. So stimmen Sie sich ein in den Kreislauf des Gebens und Empfangens. Damit nehmen Sie in aller Einfachheit, ohne Anstrengungen, welche die Leistungsgesellschaft häufig fordert, am Glück des Lebens teil, sind ganz Sie selbst und zugleich Teil eines großen Ganzen, der Menschheit, ja des Kosmos.

Ich danke der Reiki-Kraft für die Befreiung aus dem Teufelskreis der Verstrickung von Tätern und Opfern, die sich heute als Diskussion um Mißbrauch in fast aller Munde findet. Ich bin aktiv geworden, habe mich geöffnet, L(i)ebe(n) zu empfangen. Dabei erlebe ich jeden Tag immer wieder neu eine persönliche Bereicherung und eine wertvolle Erweiterung meiner Möglichkeiten, Menschen zu helfen, die ihre Heilung suchen. Deshalb wünsche ich Ihnen allen, Frauen und Männern wie auch Kindern, die Liebe der heilsamen Reiki-Kraft in ihrer schlichten Klarheit spürend zu erfahren.

Möge Sie das Buch »Fit mit Reiki«, das Sie hier und jetzt in Ihren Händen halten, dazu einladen und ermutigen.

Dr. med. Thomas Heucke
Arzt – Psychotherapie, Reiki praktizierend seit 1990, Pfingsten 1995

Vorwort von Reiki-Meister Peter König

Wir leben in einer wundersamen Zeit. Das Samenkorn, das ein christlicher Mönch am Ende des vergangenen Jahrhunderts der Erde anvertraute, ist aufgegangen. Es ist, als ob sich ein Gewitterregen über einer verdorrten und verdurstenden Wüste entladen hat. Und nun lebt diese Wüste und tausend Blumen blühen. Das Samenkorn legte Dr. Mikao Usui.

Das geschah zu einer Zeit, in der die Wissenschaften sich endgültig spalteten. Für die Seele war die Theologie, für den Geist die Psychologie und für den Körper die Medizin zuständig. Jede dieser drei Hauptsäulen spaltete sich wiederum in kleine Unterabteilungen wie sie etwa innere Medizin, Chirurgie, Röntgenologie, Psychiatrie, Psychologie, Beichtväter und Prediger darstellten. Auch diese Abteilungen ließen sich im Laufe der Spezialisierung immer weiter und feiner unterteilen. Für jedes Bedürfnis wurde eine Schublade oder ein Kästchen erfunden und die Fortschritte innerhalb dieser Unterabteilungen waren enorm. Doch die Sprachverwirrung war babylonisch. Keiner verstand die Sprache und schon gar nicht das Tun des anderen. Der alles umfassende Schrank, in den diese Schubladen und Kästchen hineinpaßten, war aber bereits gefunden. Er war äußerlich von vollkommener Einfachheit und im Innern voller Komplexität. Reiki, die universale Lebenskraft ist nur ein Name für umfassendes Denken und es ist das Hilfsmittel, mit dem unter unseren Händen Wunder geschehen können.

Menschen ändern sich; der Mensch ändert sich. Ich ändere mich. Und das ist das größte Wunder, denn ich bin im akademischen Kästchendenken aufgewachsen und erzogen worden. Ich habe in diesem System lange Zeit gelebt und darin auch meine eigene kleine Befriedigung gefunden. Ich danke meinen Lehrern Edith und Horst Günther dafür, daß sie mir die Augen für die Einfachheit geöffnet haben und mich wieder mit der Quelle der universalen Lebenskraft verbunden haben. Ich fühle mich als Glied einer Kette, die sich unaufhörlich verlängert. In der Zwischenzeit lehre auch ich die Einfachheit in Reiki.

Ich bin aber auch Teil einer Kettenreaktion, denn unaufhörlich ist in Deutschland aus einem kleinen Kreis von Esoterikern eine Volksbewegung im Entstehen, in der sich der einzelne für seine Entwicklung und Gesundheit verantwortlich fühlt. Im Rahmen der Ausbreitung dieses Ideengutes, kann es nicht ausbleiben, daß Reiki mit den verschiedensten Anschauungen in Kontakt kommt. Dabei finden die Praktiker unter uns wie Michèle Woeller immer neue Anwendungsmöglichkeiten für die universale Lebenskraft. Der Phantasie sind keine Grenzen gesetzt. Ich freue mich, daß es ein Buch mit sehr praktischen Anwendungen des Reiki gibt und wünsche gutes Gelingen.

Peter König, Reiki-Meister

Zur besonderen Beachtung

Wir erlauben uns, die Leserin und den Leser mit der Du-Form anzusprechen. Diese Art und Weise haben wir gewählt, um eine bessere, persönliche Verbindung herzustellen – soweit man dies mit einem Buch überhaupt erreichen kann. Denn ursächlich hat unser Thema Reiki mit dem Berühren durch die Hände zu tun, also mit einem nahen, persönlichen Kontakt.

Wenn wir in unserer Ausdrucksform manchmal »er« oder »man« gebrauchen, so mögen sich selbstverständlich bitte auch die Damen angesprochen fühlen.

Hervorheben möchten wir noch, daß Reiki eine Ergänzung zur medizinischen Betreuung darstellt und der Arzt im Erkrankungsfalle immer zu konsultieren ist.

Einleitung

In unserer heutigen Leistungsgesellschaft müssen wir doch alle mehr oder weniger unseren Mann beziehungsweise unsere Frau stehen. Das Berufsleben fordert uns, und wer versagt, hat keine Chance. Die Hausfrau und Mutter hat vielfältige Verpflichtungen zu erfüllen und die wichtige Aufgabe der Kindererziehung zu bewältigen. Oft ist die Frau jedoch durch Beruf und Haushalt einer doppelten Belastung ausgesetzt. Ja selbst Kinder und Jugendliche, Schüler und Studenten leiden schon unter diesem Leistungsdruck. Die Eltern möchten ihren Kindern gute Bildungsmöglichkeiten bieten, um später, im immer anspruchsvoller werdenden Berufsleben, eine Chance zu haben. Diese Überbelastung kann gesundheitliche Schäden zur Folge haben, wenn wir uns von dem Streß und der Hektik des Alltags zu sehr mitreißen lassen. Auf der einen Seite wollen wir gerne ein aktives und erfülltes Leben führen, dabei ist es aber wichtig, daß wir gesund bleiben. Fit mit Reiki will dem LeserIn einen Weg aufzeigen, wie wir unser Leben besser meistern können. Einen Weg zu strahlender Gesundheit, Vitalität, Wohlbefinden, Lebensfreude, Glück und Zufriedenheit.

Was ist Reiki?

Reiki (sprich »Reeki«) ist eine sehr alte Heilkunst, die in Japan im 19. Jahrhundert von Dr. Mikao Usui, einem christlichen Mönch, wiederentdeckt wurde. Reiki ist ein japanisches Wort und bedeutet »Universale Lebensenergie«. Der uns umgebende Raum – das Universum – ist erfüllt von endloser und unerschöpflicher Energie. Es ist diese universelle, ursprüngliche und schöpferische Kraft und Energiequelle, die auch uns am Leben erhält. Reiki ist diese natürliche Heilungsenergie, und sie fließt in kraftvoller und konzentrierter Form durch die Hände des Reiki-Praktizierenden. Die Tradition des Reiki wird in den 2500 Jahre alten Sanskrit Sutras erwähnt. Im Usui

System der natürlichen Heilung wird die heilende Energie durch das Auflegen der Hände spontan und ohne Konzentration weitergeleitet, entweder in den eigenen Körper oder in einen anderen Organismus. Die Stärke der vermittelten Energie richtet sich nach dem Bedarf des Empfängers. Reiki geht durch jedes Material wie Kleidung, Gips-Verband, Bandagen, Metall usw. hindurch. Da der Gebende lediglich Kanal ist und die universale Lebensenergie nur weiterleitet, wird ihm keine persönliche Kraft entzogen, sondern er wird gleichzeitig gestärkt und ebenfalls mit Energie angereichert.

Jeder, der Heilung sucht oder bringen möchte, kann selbst Reiki-Kanal werden. Reiki ist unkonfessionell und steht nicht im Widerspruch zu irgendwelchen religiösen oder meditativen Praktiken oder Einweihungen; es bereichert sie jedoch und verstärkt die Universalität.

Reiki unterstützt und bereichert medizinische Behandlungen wie Fußreflexzonenmassage, Akupressur, Lymphdrainage, Atem-Therapie, Massagen, Chiropraktik, Psycho-Therapien und andere. Reiki ist sehr hilfreich für alle Menschen, die Heilberufe ausüben.

Reiki bringt Körper und Gemüt ins Gleichgewicht und wirkt auf allen Ebenen: der körperlichen, geistigen, emotionalen und seelischen. Reiki fördert die Selbst-Heilung, kräftigt Körper und Geist, löst Blockaden auf, reinigt von Giften, gleicht die Kraftzentren (Chakren) aus und stellt die Harmonie wieder her. Das spirituelle Wachstum wird gefördert.

Die Geschichte des Reiki

Im 19. Jahrhundert nahm Dr. Mikao Usui die Herausforderung seiner Schüler an der Universität in Kioto/Japan an. Sie baten ihn, die Heilungswunder von Jesus Christus zu demonstrieren. Dr. Usui war es nicht möglich, dies zu tun, und er machte sich daher auf die Suche, um diese alte Heilkunst wieder zu entdecken.

Durch umfassende Studien und Forschungen in den USA und Japan, wo er die christlichen Schriften in Japanisch und Englisch und die alten buddhistischen Sutren in Japanisch, Chinesisch und Sanskrit studierte, entdeckte er schließlich bestimmte Symbole. Nachdem er 21 Tage auf einem heiligen Berg gefastet und meditiert hatte, wurden Dr. Usui die Heilungssymbole und ihre Anwendung in einer Vision übermittelt. So wurde Reiki – das Usui System der natürlichen Heilung geboren. Dr. Usui verbrachte den Rest seines Lebens damit, Reiki zu lehren und auszuüben. Nach seinem Übergang in das andere Leben wurde sein engster Mitarbeiter, Dr. Chujiro Hayashi, sein Nachfolger und Großmeister des Reiki. Er gründete eine Reiki Heilungsklinik in Tokio, in der Reiki gelehrt und unter seiner Führung praktiziert wurde. Dr. Hayashi entdeckte, daß Reiki von selbst die Ursache der Symptome findet, mit Energie auffüllt und das Gleichgewicht wieder herstellt. Er hinterließ Aufzeichnungen und Berichte von Behandlungen. 1935 wurde eine junge Frau aus Hawaii, Hawayo Takata, zu Dr. Hayashis Klinik geführt, nachdem ihr eine innere Stimme gesagt hatte, daß sie für ihre Leiden keine Operation benötige. Sie wurde durch Reiki in Dr. Hayashis Klinik geheilt, erlernte Reiki und ging zurück nach Hawaii. Dort wurde sie 1938 von Dr. Hayashi als Reiki-Meister eingeweiht. Nach Dr. Hayashis Übergang, im Jahre 1941, wurde Hawayo Takata Großmeisterin des Reiki. Über 40 Jahre lang führte Frau Takata die Reiki Tradition weiter, und 22 Reiki-Meister wurden von ihr ausgebildet und eingeweiht. Nach ihrem Übergang 1980 setzte ihre Enkelin, Phyllis Lei Furumoto, die spirituelle Linie der Großmeister fort. Im Frühjahr 1988 gab Phyllis Lei Furumoto ihren Segen und die Ermächtigung zur Meister-Einweihung an die Reiki-Meister weiter, die sich bereit und in der Lage fühlen, andere Reiki-Meister auszubilden, einzuweihen und energetisch mitzutragen. »The Reiki Alliance« ist eine gemeinnützige Organisation von Reiki-Meistern, die Phyllis Lei Furumoto als die Großmeisterin des Reiki in der direkten spirituellen Linie von Dr. Mikao Usui, Dr. Chujiro Hayashi und Hawayo Takata anerkennen und ehren. Diese Reiki-Meister haben ihr Leben dieser Heilkunst verschrieben, die zur Lebensweise wird, und sie lehren das Usui-System der natürlichen Heilung traditionsgemäß. Reiki wird weiterhin wachsen und das tiefe Bedürfnis der Welt nach Heilung, Gleichgewicht und Frieden erfüllen.

Life is for spirituality.
Everything we do should include our hearts
or it is not worth doing.
If we live in our hearts surely, we will discover
our souls, the great love,
God inside of us …

Bruce Davis, Ph. D.
Assisi, 22.Juni 1995

Das Leben ist für die Spiritualität geschaffen.
Bei allem, was wir tun, sollten wir
mit unserem ganzen Herzen dabei sein —
sonst ist es nicht wert, getan zu werden.
Wenn wir wirklich aus unserem Herzen leben, werden wir
unsere Seele entdecken, die große Liebe,
Gott in uns …

Reiki und Spiritualität

Mit Dr. Bruce Davis (spiritueller Lehrer, Heiler und Autor von »Liebe heilt«) unterhielt ich mich im Juni 1995 in Assisi über das Thema Reiki. Er erzählte mir (Horst), daß man in Amerika Reiki überwiegend im Zusammenhang mit körperlicher Heilung sieht und auch so anwendet. Ich mußte ihm zustimmen, daß dies auch in Deutschland und in anderen Ländern ähnlich ist, der geistig-seelische Bereich in den Hintergrund gedrängt, oder oft überhaupt nicht bedacht wird.

Dieses Buch soll mithelfen, den Hintergrund der Zusammenhänge zu erhellen, so daß wir alle mehr von den geistigen Gesetzmäßigkeiten verstehen lernen.

Wir können uns nur dann von der göttlichen Quelle nähren, wenn wir uns ihr immer mehr annähern und uns mit ihr verbinden!

Reiki ist ein Weg dazu, von der Kraft Gottes berührt und durchströmt zu werden! Wenn wir im Einklang mit dem Heilstrom unseres Ursprungs sind, können wirklich wundersame Geschehnisse stattfinden.

Dürfen wir, die Autoren, in diesem Zusammenhang auf eine sehr, sehr alte Überlieferung aufmerksam machen?

An mehreren Stellen in der Bibel finden wir Hinweise darauf, daß auch andere Menschen, außer Jesus Christus das Heilen mit den Händen ausüben werden.

Wenn wir noch weiter zurückgehen, teilt uns die Überlieferung mit, daß auch Buddha (500 Jahre vor Jesus Christus) Heilungen durchführte.

Oder vielleicht kennst Du die Lebensgeschichte vom Heiligen Franziskus von Assisi (1181–1226) oder von Pater Pio oder, oder, oder ...? Jetzt magst Du vielleicht sagen, nun ja, dies sind auch ganz außergewöhnliche Menschen gewesen. Stimmt! Aber auch Du kannst Außergewöhnliches tun. Kennst Du das Wort:

Glaube versetzt Berge?

Auch in diesem Falle ist Aktivität gefragt. Vielleicht kannst Du es für Dich leichter annehmen, daß wirklich Besonderes geschieht, wenn es sein darf.

Du wirst im weiteren Verlauf dieser Lektüre auf authentische Erfahrungsberichte stoßen. Diese sind von Menschen geschrieben ... Menschen wie Du oder wir!

Wie erlernt man Reiki

1. Grad Reiki

Die Reiki-Heilungsfähigkeit kann nur durch einen Reiki-Meister weitergegeben werden. Um Reiki zu erhalten, braucht man nichts anderes als Offenheit, den Wunsch, es empfangen zu wollen und sich selbst das Versprechen zu geben, Reiki auch anzuwenden. Wenn Du Dir selbst, Deiner Familie, Tieren oder Pflanzen helfen möchtest, wirst Du während des Reiki-Seminars zum Kanal dieser Heilkraft. Der 1. Grad wird an einem Wochenende oder an vier Abenden vermittelt. Es werden vier Einweihungen beziehungsweise Kraftübertragungen während des Seminars gegeben. Damit öffnet sich bei den Schülern der innere Heilungskanal und sie können sich auf die Energie einstimmen. Sie erhalten die Grundausbildung und erlernen die Handpositionen der Reiki-Behandlung. Die Schüler erfahren das Fließen von Reiki nach der ersten Einweihung und praktizieren in jeder Sitzung, sich selbst und anderen diese Energie zu geben. Das Fließenlassen dieser liebenden, heilenden, sanften und kraftvollen Energie ist eine erhebende Erfahrung. Unser Leben wird sich durch Reiki verändern und die körperlich/geistige Heilung sowie das spirituelle Wachstum beschleunigen.

2. Grad Reiki

Wer den 1. Grad abgeschlossen und Reiki aktiv in seinem Leben über einen längeren Zeitraum genutzt hat, kann mit der Einweihung in den 2. Grad die Verbindung zu Reiki und dem eigenen spirituellen Wachstum vertiefen. Der Schüler wird mit dem tieferen

Wissen von Dr. Usui vertraut gemacht. Dadurch wird der Energiefluß verstärkt und die Mental- sowie Fernbehandlung mit Reiki ermöglicht.

Der Weg zum Reiki-Meister/Lehrer
Der Weg zum Reiki-Meister/Lehrer wird intuitiv von den Menschen wahrgenommen, die sich dazu berufen fühlen und die den 1. und 2. Grad seit längerer Zeit praktizieren. Die Einweihung zum Reiki-Meister bringt großes, persönliches Wachstum auf allen Ebenen und weitere Veränderungen mit sich.

Horst und Edith Günther erhielten von Phyllis Lei Furumoto den Segen und die Ermächtigung, diese Ausbildung und die damit verbundene Meister-Einweihung vorzunehmen. Das qualifizierte Trainings-Programm wird individuell auf die persönlichen Bedürfnisse, der für diesen weiteren Schritt bereiten Menschen, abgestimmt.

Geistige Lebensregeln
Gerade heute sei frei und glücklich.
Gerade heute freue Dich.
Gerade heute ist für Dich gesorgt.
Lebe bewußt im Jetzt.
Nimm Deine Segnungen dankbar an.
Ehre Deine Eltern, Lehrer und die Älteren.
Verdiene Dein Brot ehrlich.
Liebe Deinen Nächsten wie Dich selbst.
Sei dankbar für alles und liebevoll zu allen Lebewesen.

Reiki, die universale Lebenskraft

- fördert die Bereitschaft des Körpers zur Aktivierung von Selbstheilungskräften
- kräftigt Körper und Geist
- stellt Harmonie und geistiges Wohlbefinden wieder her
- gleicht den Energiefluß aus

- löst Blockaden und fördert die totale Entspannung
- reinigt von Giften
- fließt in unbegrenzter Quantität

Information über eine Reiki-Behandlung

Reiki (gesprochen »Reeki«) bedeutet und ist universale Lebenskraft. Im vorigen Jahrhundert ist Reiki als eine uralte Weisheit von dem christlichen Mönch Dr. Usui in alten Sanskrit-Sutras wiederentdeckt worden. Diese neuentdeckte Weisheit, die auf eine alte Tradition zurückgeht, bewirkt, daß ans wunderbare grenzende Energie, in kraftvoller und konzentrierter Form, durch die Hände dessen geht, der mit dieser universalen Lebenskraft umzugehen weiß.

Die Stärke dieses Energieflusses richtet sich nach dem, was Dein Körper braucht. Diese revitalisierende Lebenskraft wird von Deinem Körper aufgenommen. Der Körper dient ähnlich wie ein Katalysator für die rasche Entwicklung der ohnehin im Körper vorhandenen Selbstheilungskräfte. Dabei arbeitet Reiki auf drei Ebenen: auf der körperlichen, der geistigen und der seelischen Ebene. Nimm die in Dich einfließende Kraft **bewußt** wahr und wirke selbst mit, die vorhandenen Blockaden aufzulösen.

Es ist möglich, daß nach einer Behandlung – insbesondere der ersten – Reaktionen einsetzen, die anzeigen, daß der Prozeß der Revitalisierung eingesetzt hat. Es kann sich dabei um allgemeines körperliches Unbehagen handeln, da der Körper beginnt, Gifte auszuscheiden. Diese Erstreaktionen müssen aber nicht unbedingt auftreten. Auch emotionale Reaktionen sind beobachtet worden. Derartige Empfindungen verschwinden innerhalb von 12 bis 24 Stunden.

Mit der körperlichen Reinigung findet auch eine emotionale und geistige Reinigung statt. Eventuell kommen verdrängte Probleme an die Oberfläche. Vorhandene Krankheitssymptome und Schmerzen werden gelindert und Du fühlst Dich nach den Behandlungen wohler.

Reiki erweckt **Deine** Selbstheilungskräfte auf allen Ebenen und kräftigt den Körper. Du wirst ausgeglichen und harmonisch.

Eine Reiki-Behandlung dauert etwa eine Stunde. Am Anfang einer Behandlungs-Serie sollte Reiki an vier aufeinanderfolgenden Tagen gegeben werden.

Überzeuge Dich selbst von der Revitalisierung Deines Körpers durch Reiki.

Die Reiki-Selbstbehandlung

Wenn Du Dir selbst die Hände auflegen möchtest, ohne ein Reiki-Seminar vorher besucht zu haben, kannst Du das bedenkenlos tun – aber nur Dir selbst. Um einer anderen Person Reiki geben zu können, solltest Du unbedingt an einem Einführungskurs Reiki 1. Grad teilnehmen. Der Grund dafür ist, daß Du dabei zum Heilkanal für die Reiki-Heilkraft wirst: Neben dem Erlernen der Reiki-Handpositionen wirst Du viele wichtige Erklärungen zu Reiki bekommen. Aber der wichtigste Teil ist, mit der Reiki-Heilkraft in Verbindung zu treten und dies geschieht durch vier Energieaktivierungen. Diese vier Einstimmungen bzw. Einweihungen in die Reiki-Kraft bewirken, daß der, in jedem menschlichen Organismus befindliche Heilkanal, geöffnet wird. Er wird außerdem aktiviert, gereinigt und geschützt. Dieser Schutz ist deshalb so wichtig, weil Du beim Reiki geben, Heilkanal für die Heilkraft bist und niemals persönliche Energie abgibst. Hättest Du diese vier Einweihungen nicht, bestünde das Risiko, eigene Energie zu verlieren, wenn Du einer anderen Person als Dir selbst die Hände auflegst.

Du kannst Dir selbst Reiki geben im Liegen, Sitzen oder Stehen. Am schönsten ist Reiki, wenn Du es Dir im Liegen gibst. Stimme Dich vorher ein durch Deine Gedanken oder durch ein Gebet, daß Du jetzt Heilkanal für Dich selbst sein möchtest. Wenn Du Dir selbst Reiki gibst, tue dies in dem Bewußtsein, daß Du jetzt nur für Dich da bist. Reiki ist göttliche Heilkraft, ist Licht und Liebe. Du gibst Dir, wenn Du Dir selbst die Hände auflegst, Liebe, bedingungslose Liebe. Reiki hilft Dir dabei, Dich selbst zu lieben, Dich selbst anzunehmen, Dich selbst zu akzeptieren, gerade so wie Du bist. Du gibst Dir ganz viel Liebe und diese Liebe heilt. Diese Liebe heilt nicht nur körperliche Probleme. Sie heilt auch seelische Wunden und alte Verletzungen. Damit geht einher, daß körperliche Probleme verschwinden können. Gib Dir täglich Reiki und Du gibst Dir damit täglich ganz viel Liebe.

Wenn Du Dir selbst Reiki geben möchtest, sorge dafür, daß Du ungestört bist. Einige Maßnahmen dafür sind: Familienmitglieder verständigen, Telefon leiser stellen oder abstellen, wenn möglich, stelle die Türklingel ab. Nimm Dir genügend Zeit für die Selbstbehandlung, zirka 30 bis 45 Minuten. Bleibe zirka zwei bis drei Minuten auf jeder Position, oder bei Bedarf auch länger. Sehr hilfreich zur Entspannung ist das Abspielen einer Meditationsmusik oder der Kassette: Die Reiki-Selbstbehandlung/Peter Erd Verlag, München. Dies ist eine geführte Meditation mit Text und Musik speziell zur Reiki-Selbstbehandlung, die wir hier vorstellen möchten.

Im folgenden Teil findest Du als Beispiel die Abbildungen einer Reiki-Selbstbehandlung im Liegen.

Ein Beispiel für eine Reiki-Selbstbehandlung im Liegen

Augen/Neben- und Stirnhöhle

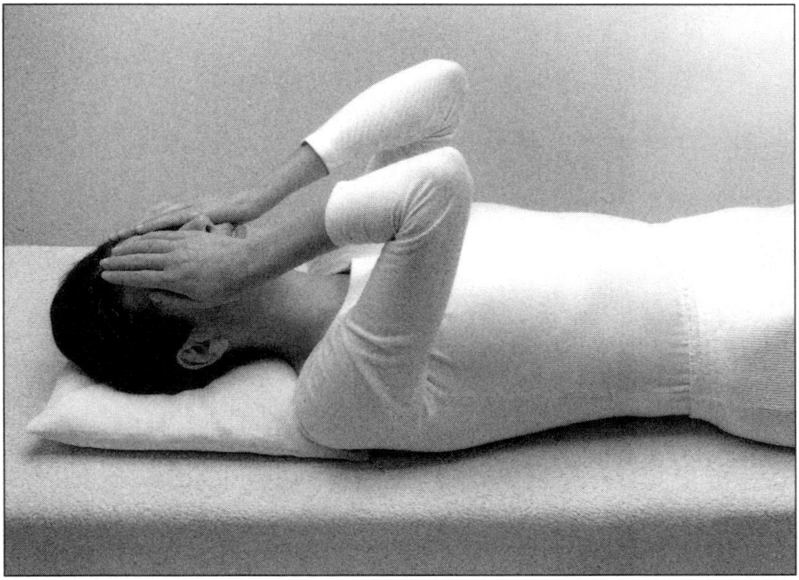

Abb. 1
Stirn, Augen und Wangen: Augenprobleme – Bindehaut-Entzündung – müde Augen – grauer und grüner Star. Nebenhöhlen und Stirnhöhlen: Schnupfen – Allergien – Asthma – Gehirnnerven – Hypophyse – Zirbeldrüse. Ausgleich der Hypophyse und Zirbeldrüse, die Hypophyse ist die Zentralstelle der hormonalen Regelung. Entspannend bei Streß.

Schläfen

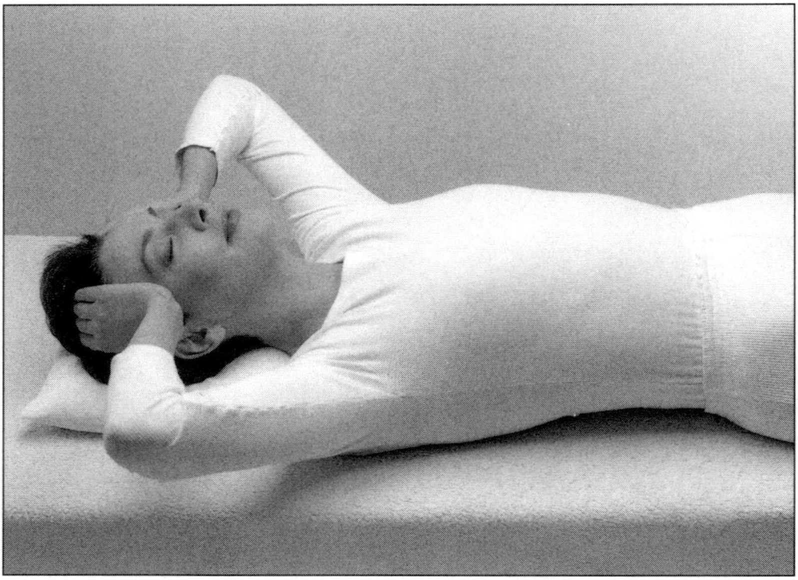

Abb. 2
Schläfen: Harmonisierung beider Hirnhälften. Die rechte Seite fördert die Intuition und Weisheit sowie die Kreativität. Die linke Seite spricht den rationalen Verstand an. Sehr entspannend bei Streß!

Ohren

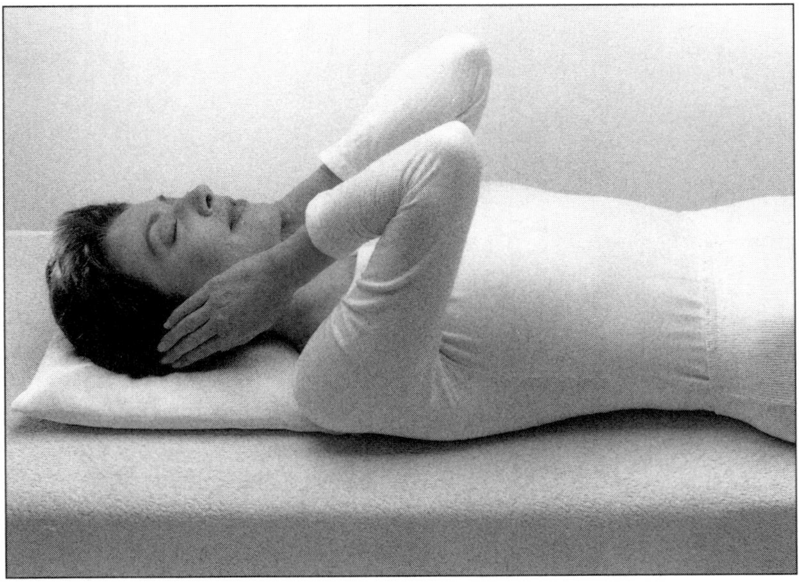

Abb. 3
Ohren: Über die Ohren werden viele Organe erreicht. Auf der Ohrmuschel befinden sich die Ohr-Akupunkturpunkte für Herz, Därme, Nieren, Lunge, Magen, Leber, Galle und andere. Bei Erkältung und Grippe, Schwerhörigkeit, Ohrgeräuschen, Ohrensausen, Gleichgewichtsstörungen.

Hinterkopf

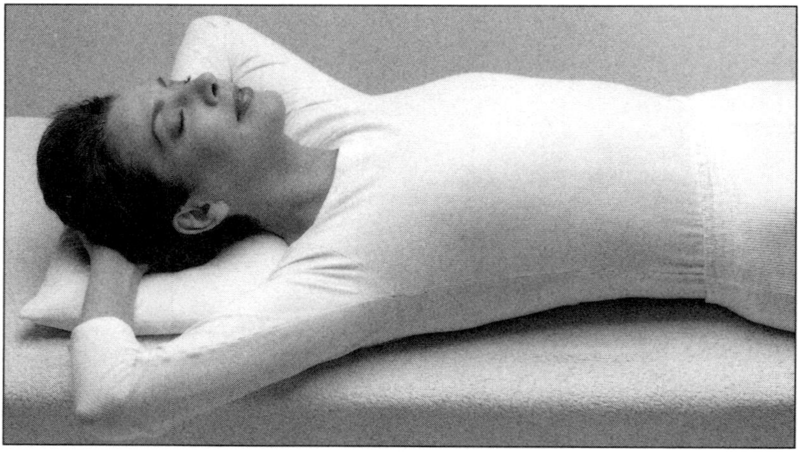

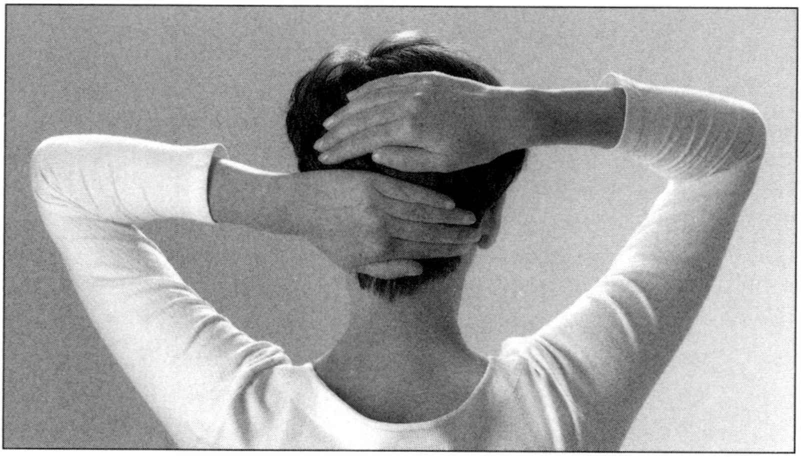

Abb. 4 und Abb. 5
Hinterkopf: Nerven – Augen – Kopfschmerzen – Nasenbluten – Heuschnupfen – Nebenhöhlen – Schleudertrauma – Angst – Schock – Sorgen. Beruhigt und klärt die Gedanken.

Schädeldecke

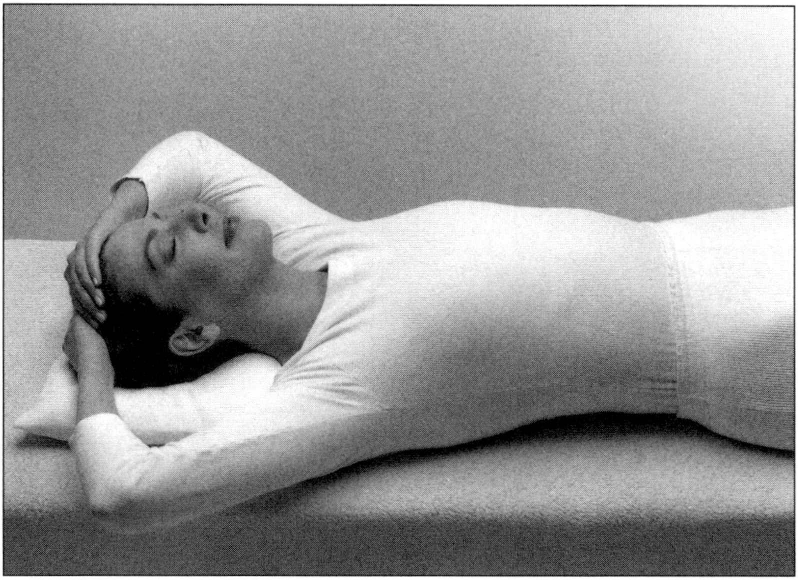

Abb. 6
Beide Hände quer auf die Schädeldecke: Kopfschmerzen – Augenschmerzen – Unterleibskrämpfe – Blähungen und Verdauungsbeschwerden – Blase – Multiple Sklerose – Streß und Emotionen.

Hals

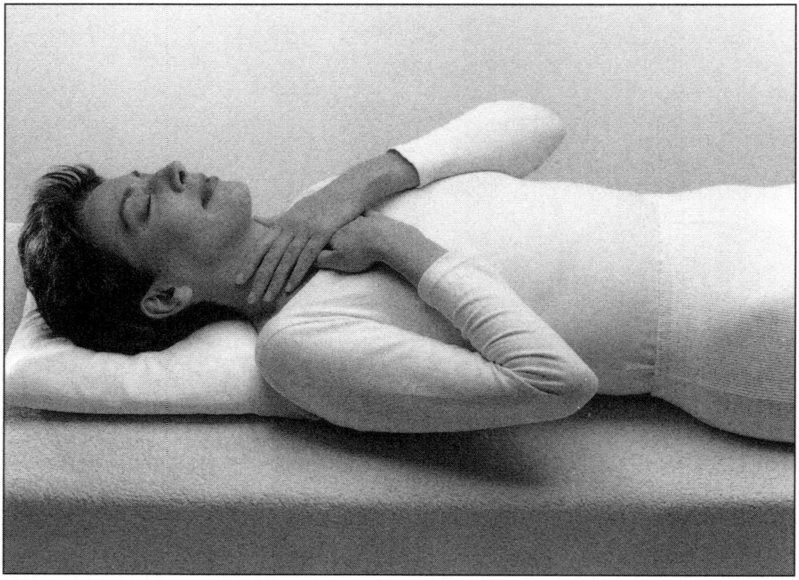

Abb. 7
Eine Hand über den Hals, die andere darunter: Hals – Kehlkopf – Stimmbänder – Angina – Grippe – Ärger – Frustration – Kommunikation – Selbstausdruck. Schilddrüse: wichtig für Stoffwechsel – Über-/bzw. Untergewicht – Herzklopfen – Herzzittern – hoher oder niedriger Blutdruck – Thymusdrüse – Steigerung der Abwehrkräfte und Lebensenergie.

Rechts Leber/Galle, links Milz

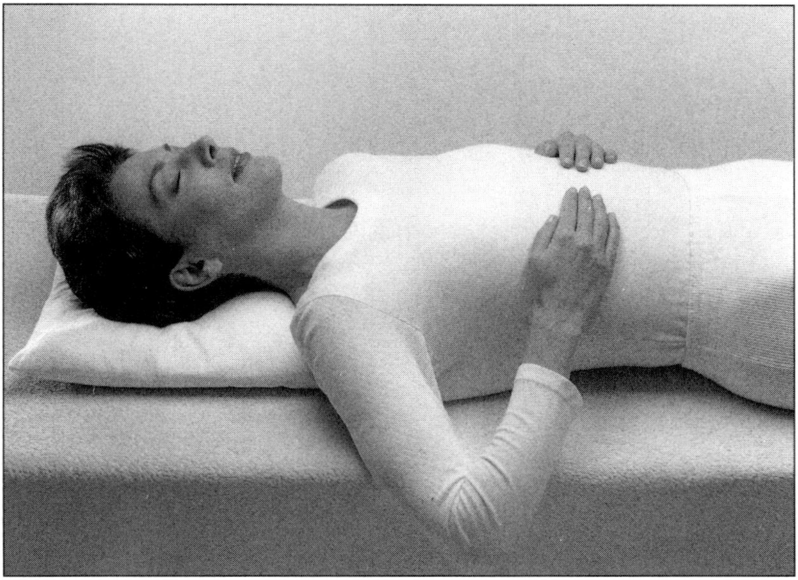

Abb. 8
Unter der Brust: Leber/Gallenblase – Teil des Magens – Bauchspeicheldrüse – Milz: Anämie – Leukämie – Abwehrsystem – Infektionen – Aids – Krebs – Gelbsucht – Gallensteine – Hypoglykämie – Diabetes – Entgiftung – Trauer – Ärger – Depressionen.

Körpermitte

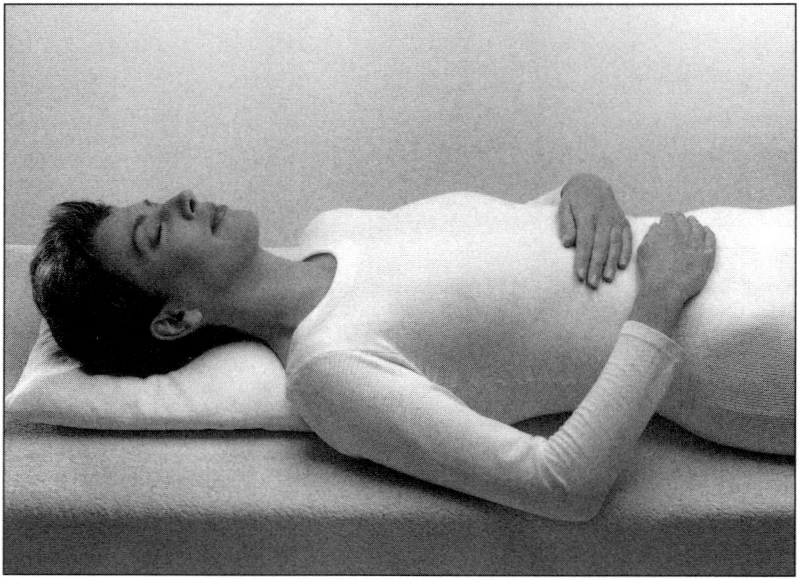

Abb. 9
Eine Hand oberhalb des Nabels, die andere darunter: Solarplexus – Magen – Därme – Verdauung – Lymphe – Schock – Emotionen – Depressionen. Zur Entspannung, Beruhigung, bei Schlafstörungen.

Unterleib

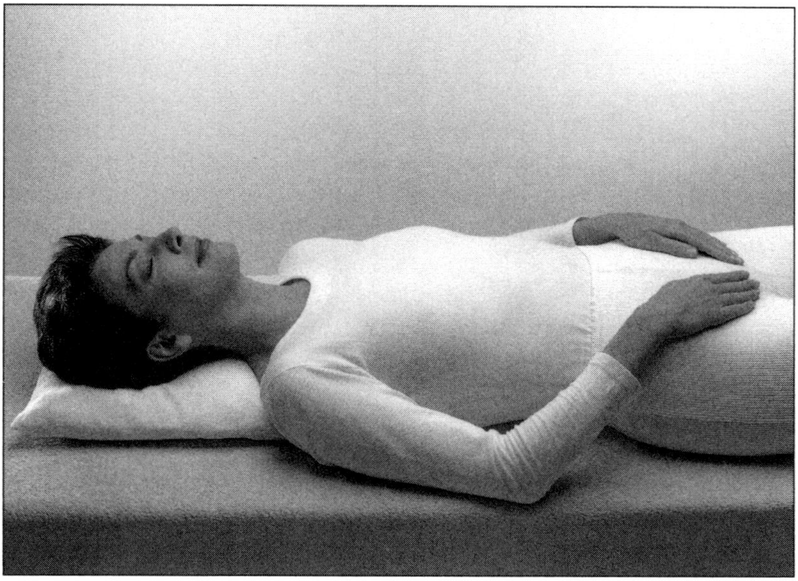

Abb. 10
Je eine Hand rechts und links in der Leistenbeuge: Unterleibsorgane – Därme – Eierstöcke – Blase – Harnleiter – Kreislauf – Verdauung – Krämpfe – Menstruationsbeschwerden – Wechseljahrbeschwerden – Rückenschmerzen – Prostata.

Herz/Thymus

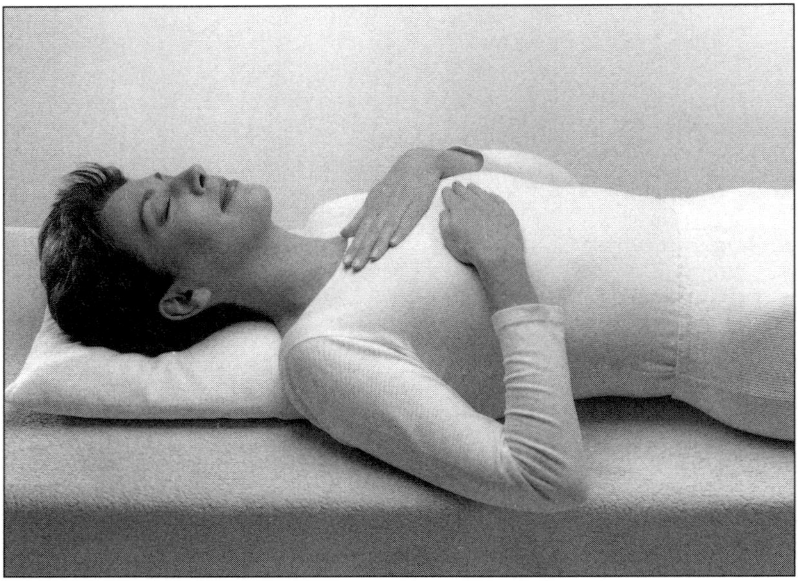

Abb. 11
Beide Hände auf das Brustbein: Herz – Thymusdrüse – Lunge – Herzbeschwerden – Bronchitis – Abwehrsystem – Lymphe – Emotionen – Depressionen.

Meditation: eine geführte Reiki-Selbstbehandlung

Diese geführte Reiki-Selbstbehandlung wendet sich bewußt an die wichtigsten Kopf- und vorderen Körperzonen. Die Beine und der Rücken werden durch die behandelten Positionen ebenfalls über die körpereigenen Meridiane mit Heil-Energie versorgt. Die bequeme, liegende Körperhaltung mit den ausgesuchten Behandlungspositionen führt zusammen mit einer meditativen Musik zu einem wunderbaren, entspannten Zustand. Lege Dich ganz bequem auf den Rücken, Deine Arme liegen neben Deinem Körper. Lasse Dir Zeit für Dich, die bequemste Unterlage zu finden. Korrigiere Deine Position, bis Du wirklich ganz bequem liegst.

Erst, wenn Du Dich wohlfühlst, dann schließe Deine Augen. Du bist jetzt ganz bei Dir selbst. Du bist nun die wichtigste Person auf der Welt! Ich werde Dich durch diese, Deine eigene Behandlung führen, Du lauschst ganz einfach meiner Stimme und der wohltuenden Musik und bist ganz bei Dir. Die Worte, die Du hören wirst, sind teilweise in der Ich-Form gesprochen, so daß Du Dich davon ganz persönlich angesprochen fühlen kannst. Dein Atem fließt gleichmäßig und Du fühlst, wie sich Deine Bauchdecke mit jedem Atemzug hebt und senkt. Nun bitte um den Anschluß an die Reiki-Kraft und dafür, daß Du für Dich persönlich jetzt ein empfangender Heilkanal sein darfst – in Deiner für Dich ganz persönlichen Art und Weise.

- Lege jetzt beide Hände über die Augen.
  Ich liebe meine Augen und bedanke mich bei ihnen, daß ich so viel durch sie sehen durfte! Auch in Zukunft lassen sie mich alles klar und deutlich erkennen – und dafür bin ich dankbar!
- Nun lege Deine Hände seitlich am Kopf auf die Schläfen.
  Meine linke Hirnhälfte steuert meinen rationalen Verstand. Die rechte Hälfte ist zuständig für die Entwicklung meiner Weisheit und Kreativität. Die jetzt einfließende Reiki-Energie verbindet meine beiden Hirnhälften miteinander und sorgt für Ausgleich und Harmonie. Und dafür bin ich dankbar!

- Nun lege Deine beiden Hände über beide Ohren.
  Ich liebe meine Ohren. Ich danke ihnen, daß ich soviel durch sie erfahren darf. In meinen Ohren sind viele wichtige Energie-Punkte. Über diese Punkte fließt jetzt Reiki in meinen ganzen Körper ein … und dafür bin ich dankbar!
- Nun lege Deine Hände auf den Hinterkopf, eine Hand in den Nacken, die andere darüber und liege ganz bequem auf Deinen Händen!
  Ich liebe meinen Kopf. Liebevoll halte ich ihn jetzt in meinen Händen. Mit gesundem und klarem Kopf gehe ich aufrecht durch mein Leben … und dafür bin ich dankbar!
- Nun wechsele zur nächsten Position. Lege zuerst die eine Hand auf die Schädeldecke und dann die andere.
  Ich liebe mein Denkvermögen. Ich begrüße alle guten und liebevollen Gedanken. Meine Gedanken entscheiden darüber, wie ich mich selbst und das Leben sehe und damit im Einklang bin. Und dafür bin ich dankbar!
- Nun lege Deine Hände an den Hals, so, wie es für Dich am bequemsten ist. Entweder eine Hand oberhalb und die andere darunter oder lege die Hände seitlich an den Hals – eine Hand rechts ... die andere links.
  Ich liebe meinen Hals. Durch meine Stimme kann ich mich frei ausdrücken. Dafür wähle ich nur gute und liebevolle Worte. Meine Worte sind Ausdruck meiner inneren Freude .... und dafür bin ich dankbar!
- Nun gehe zur nächsten Position auf Deiner Körpervorderseite. Lege eine Hand links und die andere rechts unter die Brust auf den Rippenbogen. Deine rechte Hand behandelt jetzt die Leber und Deine linke Hand Deine Milz.
  Ich liebe meine Leber und meine Milz. In beide Organe fließt jetzt die heilende Reiki-Kraft ein und durchdringt alle Zellen! Und dafür bin ich dankbar!
- Nun lege Deine Hände auf die Körpermitte – ungefähr eine Hand oberhalb und eine Hand unterhalb des Nabels.
  Ich liebe meine Körpermitte! Ich bin immer in meiner Mitte. Alle meine Handlungen geschehen aus meiner Mitte heraus. So bin ich immer in Harmonie und Kraft! Und dafür bin ich dankbar!

»Tue etwas für Dein Gesicht von innen: Fröhlichkeit in Deine Augen legen und ein Leuchten. Den Mund entspannen und lächeln. Ein freundliches Gesicht machen. Das geht, wenn Du Hausputz hältst, Hausputz des Herzens: ausfegen, was da wurmt und grämt, ausräumen, was da gemeckert und gemäkelt wird. Was hat dieser Kram mit Deinem Glück zu tun? Höre auf, den täglichen Ärger finster wiederzukäuen.

Zeige Dein schönstes Gesicht, Dein bestes, Dein freundlichstes, und es wird nicht schwerfallen, Dich gern zu haben.«

Phil Bosmans

Die Augen

Unsere Augen leisten so viel für uns, deshalb sollten wir uns täglich bei ihnen bedanken und ihnen zur Belohnung Reiki geben. Bei der ersten Kopfposition der Reiki-Ganzbehandlung werden die Augen sowieso bedacht. Doch auch zwischendurch können wir die Hände auf die Augen legen. Bei abgespannten und müden Augen wirkt dies oft Wunder. Auch bei langen, anstrengenden Autofahrten lieber öfters eine kleine Pause machen, an die Seite fahren, die Augen schließen und Reiki auf die Augen geben. Du wirst viel ausgeruhter am Ziel ankommen und auch während der Fahrt viel konzentrierter sein können.

Wer lange am Schreibtisch sitzt und am Computer arbeitet, sollte hin und wieder aufschauen und die Augen durch den Raum schweifen lassen, dabei weiter entfernte Punkte anschauen oder aus dem Fenster blicken. Weil die Augen bei dieser Arbeit sehr lange nur auf die kurze Entfernung eingestellt sind, ist es wichtig, zwischendurch in die Ferne zu schauen. Wenn Du alleine im Büro oder in der Pause bist, auch hier zwischendurch die Hände auf die Augen legen und Reiki fließen lassen. Du wirst am Abend nach einem langen Arbeitstag nicht mehr so erschöpft sein wie bisher.

Nach langer, intensiver Kopfarbeit ist es auch hilfreich, die Hände noch zusätzlich seitlich an den Kopf auf die Schläfen zu legen. Diese Position gleicht die rechte mit der linken Hirnhälfte aus und harmonisiert beide Hirnhemisphären. Die linke Hirnhälfte wird bei viel Kopf- und Denkarbeit sehr beansprucht. Es ist unsere rationale Seite für logisches und analytisches Denken, während die rechte Hirnhälfte unsere emotionale Seite ist. Sie ist zuständig für Kreativität, Schöpfungskraft, gefühlsbetontes Erleben und Intuition. Dieser Ausgleich ist sehr wichtig für uns, da wir Europäer eher linkslastig sind.

Wenn wir regelmäßig Reiki auf die Augen geben, können auch Sehschwächen verbessert werden. Brillenträger berichten, daß sie sonst alle zwei Jahre eine stärkere Brille benötigten, aber seit sie sich täglich viel Reiki auf die Augen geben, war das nicht mehr der Fall. Die Dioptrienzahl hat sich überhaupt nicht oder nur sehr wenig erhöht, bei manchen sogar verringert!

Erfahrungsbericht eines Seminarteilnehmers:

»Nach der Reiki 2. Grad-Einweihung spürte ich energetische Veränderungen bei meinen Augen. Dies äußerte sich durch teilweise besseres und auch schlechteres Sehen. Als ich dieses wahrnahm, gab ich mir täglich gezielt und lange Reiki auf beide Augen. Es ging soweit, daß ich die Werte meiner optischen Brille mehrfach ändern lassen mußte. Ich konnte es bis vor kurzem selbst kaum glauben – aber es ist wahr! – die Werte meiner Brillengläser konnten von 5,25 Dioptrien auf 1,25 Dioptrien gesenkt werden! Mein Augenarzt schüttelte den Kopf und wunderte sich, mein Optiker kann »Wunder« akzeptieren und will nun selbst Reiki lernen ... und ich bin glücklich und sehr, sehr dankbar!«

Du kannst auch mit dem zweiten Grad Reiki arbeiten und Dir eine mentale Botschaft senden. Zum Beispiel: »Deine Augen sehen immer besser und besser.« »Du siehst alles klar und deutlich.« »Deine Augen lassen dich alles sehen, was für dich wichtig ist.« Oder schicke andere Botschaften nach Deiner Wahl.

Viele Personen leiden unter Allergien, insbesondere die Pollenallergie führt oft zu Augenbrennen, tränenden und müden Augen, und einige Betroffene können diese Zeit nur mit Augentropfen überstehen. Hierbei besonders oft Reiki auf die Augen geben – auch bei Bindehautentzündung! Wenn Heuschnupfen im akuten Stadium ist, außerdem den ganzen Kopf mitbehandeln.

Wenn Du Dir Reiki im Liegen gibst und die Hände auf die Augen legst, kann es sein, daß Deine Arme durch die ungewohnte Haltung leicht ermüden. Du würdest gerne länger Reiki geben, aber die Arme spielen nicht mehr mit. Diesem Problem kann Abhilfe geschaffen werden, wenn Du beim Liegen auf dem Rücken ein kleines Kissen auf die Brust legst und Deine Arme darauflegst. Die Arme werden dadurch entlastet und Du kannst Dir so lange Reiki auf die Augen geben, so lange es Dir guttut. Sei kreativ, finde für Dich heraus, was angenehm und bequem ist. Wenn Du zum Beispiel im Sitzen Deine Augen behandelst, kannst Du die Ellenbogen ganz bequem auf einem Tisch abstützen.

Durch regelmäßige Reiki-Behandlungen werden die Augen klarer und strahlender. Abends im Bett kannst Du Dir vor dem Einschlafen die Hände auf die Augen legen und Dich bei Deinen Augen bedanken für alles Schöne, was Du durch sie erleben durftest.

Augenübungen

Es gibt Augenübungen, die die Behandlung von Reiki wunderbar ergänzen. Sie dienen zur Stärkung der Augenmuskulatur. Diese Übungen kannst Du im Raum oder auch im Freien durchführen. Dabei werden die Augen nacheinander in verschiedene Richtungen bewegt. Der Kopf bleibt ruhig.

Setze Dich bequem hin und schaue, ohne den Kopf zu bewegen, 10 mal hin und her,

10 mal von oben nach unten,

10 mal diagonal von links nach rechts,

10 mal diagonal von rechts nach links,

die Augen kreisen lassen, 10 mal nach links,

10 mal nach rechts,

dabei den Kopf ruhig halten.

Nun halte Deinen Daumen einige Zentimeter vor die Augen und schaue abwechselnd auf den Daumen und auf den entferntesten Punkt, den Du mit Deinen Augen erreichen kannst. 10 mal hin und her. Daumen – Ferne, Daumen – Ferne, usw. Die letzte Übung ist eine Akkomodationsübung und sehr wichtig für die Augenlinse, damit sie flexibel bleibt. Zum Schluß gebe Dir Reiki auf die Augen. Reibe vorher die Handflächen aneinander, bevor Du sie auf die Augen legst.

Um Erfolge zu erzielen, sollte diese Übung regelmäßig gemacht werden , am besten täglich.

Migräne

Gesundheit ist nicht nur das Fehlen von Krankheit. Gesundheit ist mehr, es ist das geistige, körperliche und seelische Wohlbefinden. Auch wenn wir uns zu den gesunden Menschen zählen, kommt es vor, daß wir uns hin und wieder unwohl fühlen und vielleicht unter Kopfschmerzen leiden. Wenn die Kopfschmerzen dann weg sind, haben wir sie auch schon wieder vergessen und fühlen uns gut. Anders ist es bei Migräne. Migränepatienten haben einen echten Leidensdruck, fühlen sich elend und krank. Migräne ist ein halbseitiger Kopfschmerz, der in Attacken kommt. Zum Beispiel jeden Monat oder öfters, fünf bis zehn Anfälle pro Monat, und es kann bis zu drei Tage andauern. Daran sieht man, wie stark Migräne die Lebensqualität beeinträchtigt. Bei jedem Pulsschlag spürt der Migränepatient einen pulsierenden Kopfschmerz. Es kann zu Übelkeit, Erbrechen, vermehrtem Harndrang, Durchfall und niedrigem Blutdruck kommen. In der Regel sind mehr Frauen davon betroffen als Männer. Oft ist der Betroffene sehr licht- und geräuschempfindlich, so daß er sich am liebsten in einem abgedunkelten Raum hinlegt.

Das Krankheitsbild Migräne wurde schon 3000 Jahre vor Christus in einem mesopotamischen Gedicht beschrieben. Ariatus von Kapadokien, im heutigen Anatolien, der zwischen 30 und 90 nach Christus lebte, charakterisierte die Migräne als einseitig lokalisierten Kopfschmerz mit symptomfreien Intervallen zwischen den einzelnen Anfällen. 131 nach Christus gab der griechische Arzt Galenus von Pergamon der Erkrankung den Namen »hemicrania«, die »Halbköpfige«, wovon sich heute die Bezeichnung Migräne ableitet.

Die Therapie der Migräne sollte ganzheitlich gesehen werden, wobei Reiki additiv sehr hilfreich und unterstützend wirken kann. Da die Migräne die unterschiedlichsten Auslösefaktoren haben kann, wäre es zuerst ratsam, sich selbst aufmerksam zu beobachten, in welchem Zusammenhang, nach welchem Erlebnis der Anfall auftritt. Als mögliche Auslösefaktoren sind bekannt:

- Hormone, menstruelle Periode
- Medikamente: zum Beispiel Nitroglycerin
- Nahrungsmittel: Schokolade, Käse, Nüsse, Obst, Zitrusfrüchte
- Gewürze: Glutamat, Nitrat
- Alkohol: Rotwein
- Psychischer Streß: Erwartungsangst, Freude, Trauer, Sorgen, Schock
- Physischer Streß: Körperliche Anstrengung wie schwere Gegenstände tragen, Treppensteigen, Schlaf-Wach-Rhythmusstörungen, Hunger, Reisen, Wochenende, niedriger Blutdruck
- Umwelteinflüsse: Licht, Lärm, Kälte, Wärme, Höhe, Wind, Föhn, Rauch, intensive Gerüche wie zum Beispiel Parfum.

Hilfreich kann es sein, wenn sich der Migränepatient Aufzeichnungen macht, was er vor dem Anfall gegessen hat, oder was er erlebt hat. Das kann helfen, die Auslösefaktoren einzugrenzen und zu bestimmen.

1. Beispiel: Tritt der Anfall häufig nach Verzehr von Zitrusfrüchten auf, wäre zu überlegen, Zitrusfrüchte ganz wegzulassen.
2. Beispiel: Treten Migräneanfälle öfters nach einem Besuch in einem chinesischen Restaurant auf, kann es sein, daß ein Gewürz der Auslösefaktor ist. In der chinesischen Küche wird unter anderem Glutamat verwendet. Sollte es der mögliche Auslösefaktor sein, bitte auf solche Gerichte ganz verzichten.
3. Beispiel: Tritt der Anfall vor oder während der Menstruation auf, sind möglicherweise Hormonschwankungen die Ursache. Dann in der Zeit vorher Streßsituationen unbedingt meiden, dadurch kann der Anfall möglicherweise vermieden werden.

Dieses Beobachten und langsame Vortasten in Richtung Auslösefaktor, macht den Betroffenen auch sensibler für sich selbst, um zu erkennen, wie er lebt und was er tut. Oberstes Ziel ist es also, den entscheidenden Auslöser herauszufinden und zu meiden. Auch sollte immer für frische Luft und ausreichend Schlaf gesorgt werden.

Weitere Maßnahmen zur Vorbeugung sind alle Arten von Entspannungsübungen, die dann auch im akuten Anfall eingesetzt werden können, wie zum Beispiel Yoga, Qi Gong, Meditation, Autogenes Training, Muskelrelaxationstraining nach Jacobsen und Atemübungen. Hierzu gehört auch Reiki, wobei Reiki über die Entspannung hinaus auch heilend wirkt. Durch Reiki werden im Körper die Selbstheilungskräfte geweckt, das Immunsystem gestärkt, und der Körper wird mit ausreichend Energie versorgt, so daß er immer in seiner Kraft ist. Das ist eine hervorragende Prophylaxe gegen jede Art von Krankheit, also auch gegen Migräne. Es ist zu empfehlen, sich täglich Reiki im Liegen zu geben, dies führt zur Tiefenentspannung, harmonisiert und bringt Körper, Geist und Seele ins Gleichgewicht. Streßsituationen, die sonst schon einen Migräneanfall ausgelöst haben, werden unter Umständen nicht mehr als so belastend empfunden, da der Organismus alles in allem stabiler geworden ist. Auch kann mit dem 2. Grad Reiki gearbeitet werden, zum Beispiel mit mentalen Botschaften wie: »Du bist gesund und stabil in allen Lebenssituationen.« »Reiki, die universale Lebenskraft heilt dich auf allen Ebenen.« »Du bist heil und gesund.« »Dein Kopf ist frei und klar.« Oder sende ganz spezielle Botschaften, die auf Deine persönlichen Bedürfnisse und Situation abgestimmt sind. Es kann auch mit dem »Höheren Selbst«, beziehungsweise mit dem Über-/Unterbewußtsein Verbindung aufgenommen werden, um die Ursache der Beschwerden herauszufinden. Die mentale Botschaft an das Höhere Selbst könnte lauten: »Dein Höheres Selbst zeigt dir die Ursache deines Befindens.«

Erfahrungsbericht einer Migränepatientin

»Ich gehörte etwa zwanzig Jahre lang zu den mit Migräne geplagten Menschen. Meistens war sie immer gegen Ende der Woche so schlimm aufgetreten, daß ich dann im Bett bleiben mußte und nichts essen konnte. Ich habe alles mögliche versucht, unter anderem diverse Kuren, ohne eine Besserung zu erzielen. Im Jahr 1992 hatte ich 17 Tage im Büro gefehlt. So konnte es nicht weitergehen!

Ich bin 1993 auf Reiki, das Usui-System, aufmerksam geworden, habe den ersten Grad absolviert und habe mich daraufhin allgemein sehr viel wohler gefühlt, aber die Migräne wollte sich immer noch nicht verabschieden. Da ich zu der Überzeugung gekommen war, daß Reiki mir sehr viel gibt und für mich der richtige Weg ist, habe ich mich im Dezember 1993 in den zweiten Grad einführen lassen.

Ab diesem Tag war ich durch die nun mögliche Mentalbehandlung migränefrei. Im Jahr 1994 war ich keinen Tag krank.«

Im akuten Anfall können wir Reiki ganz gezielt einsetzen. Am besten im Liegen auf dem Rücken Reiki auf den Kopf geben, besonders Augen, Schläfen, Ohren, Hinterkopf und Schädeldecke. Da Kühlung bei Migräne Linderung verschafft, eine kalte Kompresse auf Stirn und Augen legen, darauf dann die Hände und Reiki einfließen lassen. Auf die Brust ein kleines Kissen legen, um die Arme bequem abzustützen und dadurch zu entlasten. Dabei tief entspannen, was sich positiv auf die cerebralen Gefäße auswirkt und die Schmerzlinderung begünstigt. Danach liegenbleiben, solange es erforderlich ist und die Hände ganz entspannt auf den Solarplexus legen.

Fassen wir zusammen:

Zur Vermeidung: Migräne-/Kopfschmerztagebuch führen, Auslösefaktor herausfinden und gegebenenfalls die Gewohnheiten/ Situationen sofort ändern.

Zur Vorbeugung: Reiki geben, für frische Luft und ausreichend Schlaf sorgen, Entspannungsübungen machen.

Im Anfall: Reiki geben und entspannen.

Alle hier beschriebenen Maßnahmen können selbstverständlich auch bei jeder Art von Kopfschmerz eingesetzt werden.

Schwangerschaft und Geburt

Die Schwangerschaft, Geburt und Mutterschaft sind wichtige Höhepunkte im Leben einer Frau. Die Frau lebt in dieser Zeit ganz ihren weiblichen Teil in sich aus. Die Schwangerschaft ist eine Zeit der Freude, der Erwartung auf das kommende neue Wesen, das nun in das Leben der Mutter, der Familie eintreten wird. Reiki kann die werdende Mutter, das werdende Leben, in dieser Zeit begleiten und unterstützen. Ideal ist es natürlich, wenn die Schwangere bei Beginn der Schwangerschaft schon Reiki hat, um sich selbst und dem Baby von Anfang an täglich Reiki geben zu können. Manche Frauen leiden in den ersten Monaten unter Übelkeit, dem morgendlichen Erbrechen, und gerade dann können sie sich selbst unterstützen, diese Zeit besser durchzustehen. Schwangere haben die Angewohnheit, sich im Sitzen die Hände auf den Bauch zu legen. Dies ist eine instinktive Handlung, die genau richtig ist. Wieviel wirkungsvoller kann diese Handlung sein, wenn die Frau nun Reiki für sich und das Baby einfließen läßt. Das körperliche, geistige und seelische Wohlbefinden wird gebessert und das Baby sehr frühzeitig mit Energie versorgt. Die werdende Mutter wird eine tiefere und innigere Verbindung zu ihrem Kind entwickeln können, und dadurch entsteht eine tiefe Liebe zu dem werdenden Leben in ihr. Die Hände werden immer sensibler und spüren sofort jede Regung und jede Veränderung des wachsenden Lebens. Es ist schön, wenn die werdende Mutter mit ihrem Baby kommuniziert, mit ihm spricht oder ihm nonverbal gute Gedanken schickt.

Die moderne Forschung hat im Rahmen der pränatalen Psychologie längst begonnen, unser Leben im Mutterleib und seine Auswirkungen zu ergründen. Darum wissen wir heute, daß psychische Einflüsse von der schwangeren Frau auf das ungeborene Kind übergehen und damit Ursache für spätere seelische Störungen sein können. Schon das Ungeborene nimmt an den Gefühlen der Mutter voll und ganz teil, es spürt, wenn die Mutter glücklich, traurig, verzweifelt oder voller Angst ist, es fühlt, wenn es ungewollt ist oder voller Liebe erwartet wird. Für die spätere seelische Verhaltensweise eines Menschen spielt dann der Verlauf seiner Geburt eine weitere, ganz gravierende Rolle, da eine traumatische Geburt ein erstes Verhaltensmuster prägt, das im ganzen Leben wirksam sein kann.

An unseren Seminaren haben schon sehr oft Schwangere teilgenommen. Aber eine große Freude ist es für uns, wenn beide, die werdende Mutter und der zukünftige Vater, gemeinsam Reiki erlernen. Der Partner sollte seiner Frau so oft wie möglich Reiki geben. Immer eine Ganzbehandlung, das heißt in diesem Fall: Die Schwangere liegt zuerst auf dem Rücken. Zur Entlastung des Rückens und der Bauchdecke können die Beine angewinkelt werden, eventuell gut mit Kissen abpolstern. Nun läßt sie sich Reiki auf den Kopf und die Körpervorderseite geben. Auf dem Bauch ruhig etwas länger

Reiki geben. Da sie sich nicht auf den Bauch legen kann, um sich den Rücken behandeln zu lassen, sollte sie sich bequem auf die Seite legen. So kommt man gut an den Rücken, die Beine und die Füße. Ebenfalls kann mit dem zweiten Grad Reiki sehr gut und gezielt gearbeitet werden. Die Schwangere kann sich selbst oder dem Baby eine mentale Botschaft schicken, oder der Partner schickt ihr eine Botschaft. Sie kann sich aber auch von einer anderen Person Fern-Reiki schicken lassen.

Hier einige Beispiele von Botschaften:

1. Botschaften der Frau an sich selbst:

»Du bist eine glückliche Mutter.« »Du bist eine gute Mutter.« »Du wirst eine leichte und glückliche Entbindung haben.« »Du nimmst die Mutterschaft voller Freude an.« »Alle Zellen deines Körpers und alle Zellen deines Kindes sind durchflutet von heilender Lichtenergie.«

2. Botschaften der Mutter an ihr Kind:

»Du bist ein glückliches Baby.« »Deine Eltern freuen sich auf Dich.« »Deine Eltern heißen Dich herzlich willkommen auf dieser Welt.« »Du bist ein geliebtes Wesen.« » Ich liebe Dich und freue mich, daß es Dich gibt.« »Voller Freude erwartest Du die Welt.« » Deine Zukunft ist hell, freudvoll und klar.«

Vielleicht fallen Dir noch ganz spezielle Botschaften ein, ganz auf Deine persönliche Situation abgestimmt.

Alle diese Maßnahmen bedeuten eine hervorragende Unterstützung während der Schwangerschaft und sind eine optimale Vorbereitung für die Zeit vor , während und nach der Entbindung.

Erfahrungsberichte einiger Seminarteilnehmer/innen

»Bei meiner Nichte bestand im fünften Schwangerschaftsmonat die Gefahr, daß sie das Baby verliert. Es waren bereits drei Ringe gesetzt worden; meine Nichte mußte wiederholt stationär behandelt werden und verbrachte die meiste Zeit nur noch streng liegend. Die Gefahr war trotz der Ringe nicht gebannt. Als ich davon erfahren habe, gab ich meiner Nichte täglich eine Fernbehandlung. Bereits nach acht Behandlungen besserte sich der Zustand deutlich. Nach und nach konnten die Ringe entfernt werden, meine Nichte brauchte nicht mehr zu liegen. Das Kind kam zur vorausberechneten Zeit gesund zur Welt.«

❊

»Während der ganzen Schwangerschaft habe ich meinem Kind Reiki gegeben und auch für die Geburt habe ich Reiki geschickt.«

❊

»Obgleich mein Töchterchen am liebsten alles auf einmal machen möchte – sitzen, stehen, krabbeln – soweit, daß sie sprechen könnte, ist sie natürlich noch lange nicht. Ich habe Hanna am 15. September geboren. Es war eine leichte Geburt, glücklicherweise, denn ich hatte große Angst davor. Vieles hat dazu beigetragen, daß es unkompliziert wurde. Reiki war eine wichtige Stütze für mich.«

❊

»Nun ist es an der Zeit, daß ich einmal einen Bericht über meine Erfahrungen mit Reiki abgebe. Ich habe Reiki zu einer Zeit bekommen, in der meine Frau im 3. Monat schwanger war. So war es mir vergönnt, sie während ihrer Schwangerschaft mit Reiki begleiten zu dürfen.

Ich war erst sehr kurze Zeit Reiki-Kanal, als sie wegen Blutungen ins Krankenhaus mußte. Ich habe ihr während dieser Woche täglich eine Vollbehandlung gegeben. Danach fühlte sie sich wesentlich besser, und die Beschwerden verschwanden nach dem dritten Tag (und traten nicht mehr auf).

Im Verlauf ihres Krankenhausaufenthaltes war es mir vergönnt, auch ihrer Zimmergenossin zu helfen, die an sehr starkem Sodbrennen litt. Nach zwei Behandlungen traten die Beschwerden nicht mehr auf.

Im weiteren Verlauf der Schwangerschaft habe ich angestrebt, meiner Frau täglich eine Vollbehandlung zu geben. Wenn das nicht möglich war, behandelte ich die Problemzonen (Bauch/Rücken/ Beine) immer dann, wenn ihr danach war.

Dabei behandelte ich ihre Brüste direkt. Den Bauch behandelte ich von oben nach unten.

Ich hatte den Eindruck, daß der Säugling sich immer dann, wenn ich den Bauch behandelte, in der Nähe meiner Hände aufhielt (im Gegensatz dazu verschwand er immer bei Ultraschalluntersuchungen in der letzten Ecke).

Besonderen Wert legten wir auf Rücken und Beine. Den Rücken behandelte ich von oben nach unten. Dabei befand sich meine Frau in der Seitenlage, als sie nicht mehr auf dem Bauch liegen konnte.

Bei den Beinen war die Position Rollhügel/Ferse besonders wirksam. Dadurch wurde die zusätzliche Wassereinlagerung in die Beine weitgehend verhindert. War bereits Wasser eingelagert (die Beine fühlten sich schwer und geschwollen an), wurde das überflüssige Wasser ausgeschieden. Das geschah teilweise während der Behandlung und im Anschluß daran. Auch zeigten sich keine zusätzlichen Krampfadern. Im Gegenteil, die vorhandenen Gewebeschwächen gingen deutlich zurück.

Später dann traten noch einige Komplikationen auf. Meine Frau mußte wegen vorzeitiger Wehen das Bett hüten. Sie bekam wehenhemmende Mittel.

Es war zu beobachten, daß die Beschwerden während einer Reiki-Behandlung und danach deutlich zurückgingen. Sie traten dann erst viel später wieder auf, und dann waren sie viel schwächer. Eine oft beobachtete Nebenwirkung, die Wassereinlagerung, fand nicht statt.

Die Geburt selbst war relativ schnell und problemlos. Auch die Erholung im Wochenbett war sehr schnell. Das Baby war und ist gesund und munter.

Alles in allem kann man sagen, daß die Begleitung der Schwangerschaft mit Reiki ein schönes Erlebnis war. Dank Reiki verlief sie relativ problemlos.«

»Wir möchten allen danken, die uns während der Geburt mit Fern-Reiki unterstützt haben. Die Geburt war leicht und unkompliziert.«

☼

Ein Vater, der seine Frau mit Reiki während der Entbindung unterstützt und begleitet hat, schreibt: »Ich hatte ein tiefes Gefühl von Dankbarkeit. Es wurde mir wieder einmal klar, welch ein Geschenk Reiki für mich ist.«

Auch wir sind dankbar, wie viele glückliche Eltern es sind, daß Reiki bei der Schwangerschaft und Geburt eine so großartige und wundervolle Unterstützung ist. Und wir sind dankbar für die vielen gesunden und glücklichen Reiki-Babys.

Selbstbehandlung bei Menstruationsschmerzen, Beschwerden während und nach der Schwangerschaft

Die meisten Frauen fühlen sich während ihrer Periode wie halbe Menschen. Kraftlosigkeit, Bauch-, Rücken- und Kopfschmerzen belasten monatlich immerhin vier bis acht Tage lang den weiblichen Organismus. Diese physischen Beschwerden werden in der Regel auch noch von psychischen Handikaps wie Depressionen, schlechter Laune, Gereiztheit und heftigen Gemütsschwankungen begleitet. Man könnte meinen, der weibliche Körper und Geist wäre regelrecht negativ geladen. Hierbei kann Reiki Abhilfe verschaffen, indem es sowohl die körperlichen Beschwerden lindern hilft und auch durch starke positive Aufladung die seelischen Probleme behandelt.

Die folgenden angeführten Reiki-Positionen können ebenso schwangeren Frauen wie auch Frauen die gerade entbunden haben, bei vielfältigen Beschwerden und Ängsten sehr helfen und bringen gleichzeitig dem Baby viel wohltuende, positive Kraft. Unterleibsmyome, meist völlig harmlos, können in einigen Fällen störend sein, wenn sie eine Größe erreichen, die zu Bauchschmerzen und Spannungsgefühlen führen oder bei sexuellem Verkehr behindern. Regelmäßige Behandlungen mit Reiki können solche Myome mitsamt körperlichen Beschwerden und Ängsten oft beträchtlich reduzieren sogar manchmal regelrecht wegschmelzen.

Wir empfehlen bei Myomen eine regelmäßige fachärztliche Kontrolle.

Äußerst wichtig ist, gerade bei der Behandlung von den oben aufgeführten typischen weiblichen Belastungen, eine angenehme, völlig entspannende Position einzunehmen.

Halbliegende Position:
Lege Dich am besten ins Bett. Der Rücken sollte in einem etwa 45°-Winkel mit Kissen oder einem Schaumgummikeil gut gestützt sein. Die Knie anwinkeln und ebenfalls mit Kissen, Schaumgummikeil oder einer dicken Rolle stützen. Diese Position sollte sehr bequem sein und kann natürlich individuell verändert werden. Es ist jedoch ganz wichtig, daß der Körper nicht flach liegt, damit die Bauchmuskulatur völlig entspannt ist.

Reikibehandlung:
Stelle Dich jetzt mental auf Reiki ein und lege beide Hände auf den Bauch. Diejenigen, die den 2. Grad in Reiki haben, sollten die Behandlung entsprechend verstärken. Belasse die Hände in dieser Position mindestens fünf Minuten oder länger. Als zweite Handstellung schlagen wir vor, eine Hand auf den Bauch und die andere auf den Rücken zu legen. Das ist besonders wohltuend für Schwangere und Frauen, die einen Gebärmutterknick haben und unter Rückenschmerzen leiden.

Die dritte Reikistellung behandelt den Kopf. Suche intuitiv eine oder mehrere für Dich gute Handposition/en am Kopf und lasse diese ebenso mindestens fünf Minuten wirken. Sehr angenehm ist es, als Abschluß eine Hand auf dem Kopf (Stirn) zu belassen und die andere nochmals auf den Bauch zu legen. Versuche auch nachts, mit den Händen auf dem Bauch einzuschlafen.

Selbstbehandlung der Brüste

Bei Schmerzen und Spannungen während der Menstruation, während und nach der Schwangerschaft.
Frauen, die temporär unter diesen Beschwerden leiden, haben hier mit Reiki die Möglichkeit, sich selbst zu helfen. Unangenehme Schwellungen, Spannungen bis hin zu Schmerzen können gänzlich verschwinden. Bei der Entdeckung von Knoten in der Brust, sollte immer fachärztlich abgeklärt werden, um welche Art von Gewebe es sich handelt. Knoten in der Brust können merklich kleiner werden und sich sogar nach mehreren Behandlungen durch die enorme Reiki-Heilkraft auflösen. Hierbei ist der psychologische Aspekt ganz besonders wichtig, denn Frauen mit Knoten in der Brust leiden unter der Angst, Krebs zu bekommen. Diese Angst löst sich nach einigen Reikibehandlungen, insbesondere wenn sich erste Anzeichen von Knotenreduktion zeigen. Es ist empfehlenswert, sich in solchen Fällen möglichst regelmäßig zu behandeln.

Liegende Position
Lege Dich auf Dein Bett oder mit einer weichen Unterlage auf den Boden. Der Kopf kann mit einer kleinen Nackenrolle gestützt sein, die angewinkelten Beine mit Kissen, Kniekeil oder großer Rolle. Achte immer darauf, daß Du so bequem wie möglich liegst, selbst wenn die Vorbereitungen ein paar Minuten länger dauern sollten. Rechts und links von Deinem Oberkörper in Höhe Deiner Brüste plazierst Du auch je ein oder zwei Kissen, auf denen, während der Behandlung, Deine Ellbogen ruhen werden.

Stimme Dich auf Reiki ein. Lege jeweils die rechte Hand auf die rechte Brust und die linke Hand auf die linke Brust. Die Behandlungsdauer beträgt mindestens 10 Minuten.

Selbstverwirklichung der Frau mit Hilfe von Reiki

Auffällig ist es, daß die Zahl der weiblichen Reiki-Seminarteilnehmer bei weitem überwiegt. Offensichtlich sind Frauen für spirituelle Weiterentwicklung bereiter und offener. Es liegt die Behauptung nahe, daß Frauen mit ihrer stärker entwickelten intuitiven und emotionalen Komponente leichter Zugang finden für die Arbeit am innersten Ich. Frauen, insbesondere Mütter, betreiben oft intuitiv Reiki. Eine Mutter, die ihrem Baby »automatisch« die Hand auf den Bauch legt, weil es wegen Bauchkrämpfen schreit, ist ein gutes Beispiel dafür. Das Kind wird sich auch bald darauf beruhigen. Ein Baby, das das Licht der Welt zum ersten Mal erblickt, hat keine Gebrauchsanweisung mitgebracht! Die Frau, die gerade entbunden hat, muß ihr »inneres Wissen herausholen« und weiter schulen. Wie könnte sie sonst erfahren, aus welchem Grund ihr Kind gerade schreit. Hat es Hunger? Oder sogar Schmerzen? Vielleicht ist es ihm aber auch nur langweilig? Eine Mutter wird schon nach kurzer Zeit ganz genau spüren, welches Bedürfnis ihr Kleines hat. Es gibt sogar viele Mütter, die auch über gewisse Distanzen fühlen, wenn es ihrem Kind schlecht geht. Diese innere Schulung schärft nicht nur die Sinne und Antennen sondern erhöht beträchtlich die selbstlose Liebesfähigkeit.

Der Tagesablauf vieler Frauen ist heutzutage überaus anstrengend, in einigen Fällen sogar unzumutbar geworden. Insbesondere für diejenigen, die der undankbaren dreifachen Belastung ausgesetzt sind, Haushalt, Kind/er und Beruf gleichzeitig bewerkstelligen zu müssen. Haushaltsbewältigung und Kindererziehung werden nach wie vor seitens der Gesellschaft nicht oder nur wenig respektiert und auch beruflich erhalten Frauen nicht die gleiche Chance, Wertigkeit und Entgelt wie Männer.

Diese Tatsache sei hier nicht erwähnt, um an den immer noch existenten Mangel an Gleichberechtigung zu erinnern, sondern als zusätzliche Erklärung dafür, daß Frauen in der Regel leichter Zugang zu Reiki finden. Da viele Frauen keine befriedigende

Akzeptanz von außen finden, suchen sie sie verstärkt von innen zu erhalten.

Durch Reiki findet die Frau leichter das »Sich-selbst-Annehmen« und Eigenliebe aus ihrem eigenen, inneren Potential heraus. Dazu gehört zuerst die Erkenntnis und Verarbeitung der eigenen Probleme, die mit Hilfe von Reiki nicht nur leichter bewußt werden, sondern auch schneller gelöst werden können. Durch regelmäßige Selbstbehandlung können sich Frauen immer wieder positiv aufladen und ihre alltäglichen Schwierigkeiten in ein ganz anderes Licht setzen. Besonders schwierige Situationen, die eventuell zu dramenähnlichen Zuständen führen könnten, werden nach einer intensiven Reikibehandlung mit verstärkter Kraft und Ruhe angegangen. Lösungen finden sich somit besser und schneller, ohne daß vielleicht Familie und Freundeskreis zu sehr in Mitleidenschaft gezogen werden.

Einige spüren in sich den Wunsch und die Gabe, anderen zu helfen. Durch ihre stark ausgeprägte Emotionalität sind Frauen schnell und intensiv berührt von den Nöten ihrer Mitmenschen, anderer Völker und nicht zuletzt der Erde. Indem diese Frauen anderen durch Reiki Hilfe geben oder schicken, finden sie oft ihre wirkliche Berufung und damit auch Hilfe für sich selbst.

Ich lerne immer mehr Frauen kennen, meist Reiki 2. Grades-Eingeweihte, die kleine Gruppen organisieren, in denen sie Reiki mit Frauengesprächen, mit Meditation oder auch zum Beispiel mit kreativer Malerei verbinden. Mit dieser intensiven, spirituellen Tätigkeit finden sie nicht nur tiefe innere Zufriedenheit, sondern sie können sich auch teilweise ihren Lebensunterhalt verdienen. Durch diese neugewonnene Unabhängigkeit und Freiheit haben sie wiederum mehr Zeit, Ruhe und Muße für Partnerschaft und Familie.

Ich möchte zum Abschluß dieses Kapitels betonen, daß ich versucht habe, nicht zu verallgemeinern, wenn ich über Frauen schreibe. Natürlich gibt es auch Frauen, die die von mir beschriebene Intuition und Emotionalität nicht oder nicht mehr innehaben. Das könnten nicht nur die Frauen sein, die zum Beispiel im harten Berufsleben ihren Mann stehen müssen, sondern es sind manchmal auch Frauen, die ihren ganz normalen Alltag, ob es Haushalt, Kind und/oder Beruf sei, nicht verkraften und sich langsam verhärten und abstumpfen. Dafür gibt es wiederum Männer, die außerordentlich intuitiv und emotional sind, wie zum Beispiel Künstler, Musiker und andere Kreative.

Michèle Woeller

Wirkung von Reiki bei Männern

Erfreulicherweise können auch Männer von Reiki sehr profitieren. Meine eigenen Beobachtungen haben gezeigt, daß die meisten Männer, die sich Reiki zugewandt haben, erstmals ihre »weiblichen« emotionalen Komponenten annehmen und akzeptieren gelernt haben. Viele von ihnen sind schon berufsbedingt stark von ihrem Intellekt abhängig und versuchen ständig, für alles eine wissenschaftlich nachweisbare Erklärung zu finden. Manche werden durch »besondere Ereignisse« in ihrem Leben ganz plötzlich daran »erinnert«, daß es noch mehr geben muß. Andere erreichen den Einstieg zu Reiki durch intensive, innere Arbeit mit der intuitiven, emotionalen Seite in ihnen. Manche interessieren sich zuerst für Reiki auf rein physischer Ebene, wie zum Beispiel Masseure, Naturheilkundige und nicht zuletzt Ärzte, um ihre beruflichen Fähigkeiten sinnvoll zu ergänzen.

Durch Reiki erhalten Männer ein kraftvolles Gegengewicht zu ihrem oftmals kopflastigem Berufsalltag. Ich habe selber die Erfahrung gemacht, daß Männer, die Reiki regelmäßig betreiben, weicher, offener, liebevoller und familienorientierter geworden sind. Sie haben zum Teil ihren Beruf gewechselt oder ihre Arbeitsweise so verändert, daß sie sich nicht mehr so stark in einen beruflichen Wettbewerb eingelassen haben. Dadurch wurde der Streß vermieden, der sie vorher innerlich »arm« machte und ihnen den Weg zu spirituellem Wachstum versperrte.

Sie nehmen sich mehr Zeit und Muße vor allem im privaten Bereich und gehen bewußter mit sich und ihren Mitmenschen um. Der Druck der Gesellschaft, der Beste, Erfolgreichste, Mächtigste und Reichste zu sein, verliert an Bedeutung und läßt der Selbstverwirklichung und Erfüllung innerer Ziele mehr Raum und Zeit.

Michèle Woeller

Reiki in der Zweierbeziehung

Am schönsten ist es natürlich, wenn Paare zusammen den wunderbaren, abenteuerlichen Weg des inneren Wachsens mit Reiki beschreiten. Ich bin persönlich ganz besonders dankbar dafür, daß mein Lebensgefährte sich ebenfalls durch Reiki für einen Weg entschieden hat, der zwar nicht immer ganz einfach ist, dafür eine große Bereicherung für jeden einzelnen und für unsere Beziehung darstellt.

Es kommt mir oft so vor, als wäre unser Leben vor Reiki flach und oberflächlich gewesen, während es jetzt intensiver, bewußter, reifer und voller ist. Wir haben beide gelernt, auch Enttäuschungen und Rückschläge anzunehmen, denn sie gehören in dem pulsierenden Auf und Ab des Lebens dazu. Je weniger wir uns gegen jegliche Art von Vorkommnissen wehren, desto besser und schneller verarbeiten und überwinden wir sie. Es gibt für jedes Problem eine Lösung, die umso schneller kommt, wenn wir die Tür zu ihr nicht durch Abwehrreaktionen versperren. Mit dem Annehmen eines Problems und Reiki-Einwirkung wird eine schwierige Situation manchmal durch eine »Eingebung« ganz einfach gelöst. Oft liegt die Lösung ganz anders und nicht unbedingt zu dem Zeitpunkt, zu dem wir sie erwarten. Gerade deshalb ist es umso wichtiger, die »Tür« immer weit offen zu lassen, um zu erkennen, wann und wie uns die Lösung »zufällt«. In jedem Falle wachsen wir aus jeder gelösten Situation ein Stückchen mehr. Das ist der Grund, warum wir sogar für die Steine auf unseren Wegen dankbar sind.

Reiki kann natürlich innerhalb der Partnerschaft und in sämtlichen anderen Bereichen des Lebens, auf heilsame Art, Erstaunliches bewirken. Wo früher viele, zum Teil vehemente Auseinandersetzungen zur normalen Kommunikation gehörten, genügt manchmal ein Blick, um den anderen und seine Situation zu erkennen. Wie einfach und kraftvoll ist es in solchen Momenten, eine Hand zu ergreifen und Liebe fließen zu lassen. Bei jeder partnerschaftlichen Reiki-Behandlung, ob es zur Behebung einer Verstimmung oder zur Erleichterung eines Leidens angewendet wird, bewirkt diese allmächtige Kraft nicht nur Linderung, sondern bringt beide Menschen in Liebe noch stärker zueinander.

Michèle Woeller

Reiki-Erfahrungen

Diejenigen aus meinem Bekanntenkreis, die schon längere Zeit mit Reiki arbeiten, haben sich auf mehreren Ebenen geholfen. In erster Linie, auf der rein körperlichen, kann sich inzwischen jede/r von ihnen bei Alltags-Weh-Wehchen, wie zum Beispiel Kopfschmerzen, Migräne, Magenverstimmungen, Wetterfühligkeit, Schwäche, Anfälligkeit für Erkältungen, weitgehend selbst kurieren. Das Handauflegen ist mittlerweile zur täglichen Routine geworden und hat sich auch gerade bei psychischen Schwankungen und Labilität außerordentlich bewährt. Die regelmäßige Reiki-Selbstbehandlung ist zum selbstverständlichen Hilfsmittel geworden, jeden Tag neue Energie, Selbsterkenntnisse, Hilfsbereitschaft und Toleranz zu gewinnen, selbst wenn dieser Weg mitunter mit Rückschlägen gepflastert ist.

Für viele Reiki-Erfahrene hat sich ihre Verbindung zur Außenwelt verändert. Schon in kleinen, banalen Situationen haben sie zu helfen gelernt. Durch eigenes Wachstum, erhöhte Sensibilität für die eigenen Bedürfnisse und die der Mitmenschen ist gleichzeitig die Basis für das »Geben« erleichtert.

Dadurch ist es plötzlich so einfach, seinem Gegenüber zuzuhören oder ein liebes Wort zu sagen, miteinander liebevoll und respektvoll umzugehen. Eigentlich sollte das selbstverständlich sein, doch leider ist es offensichtlich, daß zur Zeit ein großer Egoismus herrscht, verbunden mit Geld- und Macht-Gier. Durch ein höheres Bewußtsein kann jeder von uns diesen Zustand sofort ändern helfen, indem wir unseren Beitrag zu einer Heilung und Besserung leisten.

Reiki-Praktizierende verstehen jetzt meist besser, sich nicht dem oberflächlichen Alltagstrott zu unterwerfen, sondern stattdessen der Findung und Erfüllung ihrer »realen« Lebensaufgaben nachzugehen. Dazu muß jeden Tag ausgemistet werden und alte Vorstellungen, Wünsche und Ziele überdacht und der jeweiligen Entwicklung angepaßt werden. Hierbei verläuft sich manchmal der eine oder andere, aber auch Umwege bieten gutes Lehrmaterial.

Reiki ist für viele das ideale Hilfsmittel geworden, ihr Leben gründlich zu ändern und etwas Wichtiges zu tun, indem sie auch anderen helfen können.

So ist es ganz natürlich geworden, überall Reiki fließen zu lassen, sobald eine Notwendigkeit gefühlt wird, nicht nur bei Menschen, sondern auch bei Tieren, Pflanzen, Räumen, Situationen und sogar Geräten. Für Reiki 2. Grades Praktikanten ist es längst zur Gewohnheit geworden, vor wichtigen Treffen im voraus positive Schwingungen zu schicken, um die Chancen einer erfolgreichen Abwicklung für alle Beteiligten zu verstärken. Manchmal gelingt es ebenso bei streikenden Geräten, sie durch Reiki-Energie wieder einsatzbereit zu stimmen.

Menschen, die Reiki geben, strahlen nach außen Ruhe, Offenheit, Freundlichkeit und manchmal auch Weisheit aus. So reagiert die Umwelt dementsprechend und das tägliche Miteinander läßt sich wesentlich angenehmer gestalten.

Michèle Woeller

Reiki mit Kindern und Jugendlichen

Kleine Kinder spüren instinktiv, daß Reiki etwas Gutes ist. Sie sind als reine, unverdorbene Wesen der kosmischen Kraft viel näher und offener als Erwachsene. Da ihr Intellekt noch nicht entfaltet ist, benutzen sie ihre noch stark ausgeprägte Intuition. Deshalb sind sie besonders empfänglich und dankbar für Reiki. Kinder brauchen und suchen viel Körperkontakt, so ist es umso einfacher, ihnen oft Reiki zu geben. Beim Füttern, Baden, Wickeln und insbesondere vor dem Schlafengehen können Eltern, wenn sie sowieso das Kind mit den Händen berühren, auch gleich diese positive Kraft einfließen lassen.

Reiki-Erfahrungsberichte mit Kindern von Seminarteilnehmerinnen:

»Ja, Reiki scheint wirklich etwas Besonderes zu sein. Meine Tochter ist gerade unsere steile Treppe, von etwa der Mitte aus heruntergestürzt. Sie hat sich den Rücken und Po stark angeschlagen. Normalerweise reagiert sie auf jegliche Verletzung extrem hysterisch und niemand darf sie berühren. In diesem hysterischen Zustand übergibt sie sich in der Regel, und eine Gehirnerschütterung kann nicht ausgeschlossen werden. Heute hat sie nicht lange geweint. Ich sagte ihr, sie solle sich ganz fest an mich halten und gab ihr Reiki. Das Ganze hat etwas mehr als eine halbe Stunde gedauert, dann ist sie eingeschlafen. Sie wurde überhaupt nicht hysterisch, obwohl sie heute eher Grund dazu gehabt hätte als sonst. Das habe ich alles Dir zu verdanken! Solche Reiki-Hände sind Gold wert, um seine Kinder beim Großwerden zu begleiten.«

»Frank M., 5 Jahre. Im März 3 Wochen im Krankenhaus wegen zu geringer Thrombozyten:

Knochenpunktion: keine Leukämie. Tiefster Stand 10.000 TZ. Cortisonbehandlung: geringfügige Erhöhung, nach Absetzen wieder Senkung der TZ.

Entlassung einige Tage vor Ostern.
Kontrolle am Freitag 15.4.94 58.000 TZ
Kontrolle am Freitag 22.4.94 40.000 TZ
Besuch beim Heilpraktiker am 25.4.94
Reiki-Behandlung am 27. und 28.4.94
Kontrolle 29.4.94 = 184.000 Thrombozyten
Kontrolle 6.5.94 = 184.000 TZ stabil, Blutwerte normal.

Frank darf wieder in den Kindergarten und alles tun, auf Bäume klettern und so weiter. Keine Gefahr für innere Blutungen mehr. Reiki-Behandlung am 6.5.94.«

Schulkindern und Jugendlichen, die unter Konzentrationsschwäche leiden, kann durch Reiki beachtlich geholfen werden. Pubertierende, die sich häufig negativ und aggressiv verhalten, weil sie sich in ihrer Haut nicht wohl fühlen, können mit Reiki wieder positive Energie und Selbstwertgefühl tanken. Dadurch lernen sie ihre Mitte zu finden, sich selbst anzunehmen und mit Problemen besser umzugehen. Das soziale Miteinander in Familie, Schule und Gesellschaft ist damit leichter zu erstellen, nicht nur für Jugendliche, sondern auch für deren Umfeld. Nervlich strapazierte Eltern können in solchen problematischen Zeiten nicht nur ihren Kindern Hilfestellung geben, sondern sie sollten ebenfalls sich selbst oft behandeln, um wieder zur Ruhe zu kommen und auch zu lernen, ihre Sprößlinge in Liebe loszulassen.

Viele Jugendliche leiden unter Schulstreß sowie auch persönlichem Selbstbehauptungsstreß und familiären Problemen. Das bewirkt, daß einige häufig Kopfschmerzen haben und sie erst recht unleidig und aggressiv werden, und daß die Hausaufgaben nur mühselig, wenn überhaupt, absolviert werden können. Zu diesem Teufelskreis gesellen sich dann auch noch pubertätsbedingte Hautunreinheiten und andere äußerliche Wachstumveränderungen, die bewirken, daß viele Jugendliche auch ihren Körper ablehnen.

Teenager sind keine Kinder mehr, aber noch keine Erwachsene. Innerhalb dieser »weder Fisch noch Fleisch«-Phase tun sie sich physisch wie psychisch sehr schwer, was sich oft durch verständnisloses und intolerantes Verhalten der sogenannten Erwachsenen noch gravierender ausprägt. Die beunruhigensten Symptome bei Jugendlichen sind zusätzlich zu den vorher beschriebenen, totale Lustlosigkeit, Depressionen und Zukunftsängste. Sie sind sich der katastrophalen Zustände auf unserer Erde, die wir und vorherige Generationen bewirkt haben, völlig bewußt. Sie reagieren darauf mit einer gesunden Gesellschaftskritik und vielen Diskussionen über Verbesserungsvorschläge, aber auch mit Hoffnungslosigkeit, denn sie stellen jeden Tag fest, daß unser politisches System und unsere rigide egoistische Gesellschaft nur äußerst schleppend und langsam zu positiven Änderungen bereit sind. Viele Jugendliche sind aus diesen vielfältigen Gründen gänzlich überlastet und suchen sich zunehmend eine Flucht in Alkohol, Zigaretten und sogar Drogen.

Es ist dringend notwendig, gerade dieser sogenannten »Null-Bock-Generation« zu helfen, wieder Zukunftsperspektiven und Motivationen zu entwickeln. Dazu gehört zunächst der Aufbau eines gesunden Selbstwertgefühls, der allerdings nur möglich ist, wenn Familie, Lehrer und Freunde mit vollem Einsatz zusammenarbeiten. Statt negativer Kritik sollte in diesen schwierigen Fällen liebevolle, interessierte, positive Zuwendung erfolgen, damit sich Jugendliche wieder wertvoll und jeder von ihnen als ein wichtiger Teil unserer Gesellschaft empfindet. Gerade hier bietet Reiki eine wunderbare Hilfe, indem es negative Schwingungen in ruhige, positive Kraft umwandeln kann und auch bei körperlichen Mißständen Linderung oder sogar Heilung verschaffen kann.

Reiki-Behandlung für Jugendliche

Es empfiehlt sich in jedem Falle, die vier Basis-Reiki-Behandlungen an vier aufeinanderfolgenden Tagen zu verabreichen. Anschließend können etwas kürzere Ganzkörperbehandlungen erfolgen mit anschließender, spezifischer Behandlung der problematischen Zonen der Teenager, wie zum Beispiel Kopf und Herz.

Für den Aufbau des Selbstwertgefühls ganz wichtig: mentale Botschaften, die unbedingt mit der betroffenen Person abgesprochen werden sollten.

Reiki im Alltag

Zunehmend mehr Menschen werden mit ihrem ganz normalen Alltag nicht mehr fertig und leiden unter Schwäche- und Angstzuständen, die wiederum psychosomatische Krankheiten auslösen können. Enttäuschungen und Frustrationen im privaten wie auch im beruflichen Bereich werden nicht mehr verkraftet, sondern meist verdrängt. Dadurch entstehen schlechte Laune, Überreiztheit und Empfindlichkeit, die wiederum die nächste Umgebung manchmal äußerst unangenehm zu spüren bekommt. Familie, Freunde und Mitarbeiter werden vielleicht aggressiv und ungerecht behandelt, was wiederum bewirken kann, daß sie sich zurückziehen. Ein Grund mehr für den Betroffenen, sich schlecht zu fühlen, denn er wird auch noch mit seinen Problemen allein gelassen. So verrennen sich viele immer mehr in Negativität und Einsamkeit und merken dabei nicht, daß nur sie selbst für ihren Zustand verantwortlich sind.

Wenn wir ehrlich sind, müssen wir an dieser Stelle zugeben, daß wir alle schon in solchen Situationen gesteckt haben und daß es sehr schwer ist, allein wieder herauszufinden. Ein vertrautes Familienmitglied oder ein guter Freund, der bereit ist, hinter die eventuell unerfreulichen Kulissen zu schauen, kann dem Verzweifelten einen Anstoß zum Nachdenken oder zum Reden geben und ihm mit Reiki helfen, seine Mitte wiederzufinden. Den Hauptteil zur Wiederherstellung eines stabilen Lebens allerdings, muß der Betroffene selbst leisten. Das Wichtigste, was er dazu an Bereitschaft mitbringen muß, ist sein ehrlicher Wille dazu.

Es gibt ganz einfache Grundregeln, um sich den Alltag nicht nur erträglich, sondern auch erfreulich zu gestalten. Gleich morgens vor dem Aufstehen wirkt eine kleine Reiki-Behandlung und das Visualisieren eines angenehmen, erfolgreichen Tages Wunder. Ein paar Minuten Gymnastik und Meditation bringen Körper und Geist in Einklang. Falls der Tag Probleme erahnen läßt, sollten wir diese nicht überbewerten, sondern darauf vertrauen, daß im richtigen Moment immer eine Lösung gefunden wird. In solchen Fällen hilft, wenn es möglich ist, ein schöner Spaziergang in der Natur, der den Kopf wieder frei macht und beruhigt. Der Kontakt mit der Erde ist sehr heilsam, denn sie hat eine enorme, positive Kraft und kann negative Schwingungen in positive umwandeln.

Wichtig ist es ebenso, sich selbst kleine Freuden zu gönnen und sich die positiven Aspekte des Lebens anzuschauen. Nicht von ungefähr heißt es »sich ärgern« oder »sich freuen«, denn wir haben es selbst in der Hand, uns einen schönen erfüllten Tag zu kreieren.

Zwischendurch können wir immer wieder mit Reiki Licht in den grauen Alltag bringen, denn es läßt sich überall und in jeder Situation auch diskret anwenden.

Bei genauer Betrachtung kleiner Alltagsprobleme werden wir feststellen, daß keines von ihnen es wert ist, uns den Tag zu verderben. Meistens sind wir es selbst, die diese Probleme als Launenkiller zulassen, so als ob wir unsere täglichen Ärgernisse unbedigt brauchten und uns daran festkrallen müßten. Wenn wir diesen falschen Anspruch erkennen, können wir uns umprogrammieren und uns wieder an den schönen Seiten des Lebens aufrichten und erfreuen.

Diese Art von Umwandlung kann und sollte immer wieder auf den unterschiedlichsten Gebieten erfolgen. Auftretende Frustrationen, Unzufriedenheiten und Resignationen haben meistens ihre Ursachen tief in unserem Inneren. Alles, was wir seit unserer frühesten Kindheit von Eltern, Lehrern, Gesellschaft und Kirche gelernt haben, sitzt fest verankert in uns und läßt uns im Erwachsenenalter unbewußt angenommene Rollen spielen, die uns zum Teil in unserer Entwicklung hemmen oder uns auf falsche Fährten führen. Deshalb besteht die unbedingte Notwendigkeit, regelmäßig die alten Muster, Regeln, Begrenzungen, Ansichten über das eigene Ich und dessen Ziele zu überdenken, zu überarbeiten und eventuell rauszuwerfen. So ist es oft der Fall, daß wir plötzlich erkennen müssen, daß wir zum Beispiel den für uns falschen Beruf ergriffen haben, weil wir althergebrachten Mustern aus Erziehung und Gesellschaft gefolgt sind. Indem wir uns selbst neu kennenlernen, aus alten Begrenzungen lösen und befreien, werden neue Bedürfnisse und Ziele sichtbar. Die Länge dieses Prozesses ist natürlich individuell sehr unterschiedlich, denn je stärker wir beruflich und/oder familiär verpflichtet sind, desto länger werden wir an dieser Umwandlung arbeiten. Das innere Fokussieren neuer Ziele wird aber zur richtigen Zeit die nötigen Kräfte für eine Umprogrammierung freisetzen.

Ein neues Bild von uns zu kreieren ist zeitaufwendig und mit harter Arbeit an uns selbst verbunden. Diese beginnt damit, daß wir uns ständig bewußt beobachten und unsere Gestik, Mimik, Verbalität, Sichtweise, Hörweise und so weiter untersuchen. Dabei wird uns extrem deutlich werden, wie negativ und verschlossen wir uns oft verhalten. Wie oft rutscht uns automatisch der Satz heraus »das geht nicht«, »das kann ich nicht«, wie schnell sind wir doch mit Kritik und Vorwürfen anderen, aber auch uns selbst gegenüber bei der Hand. Hören wir nicht innerhalb einer Konversation verstärkt das Negative? Fehl- und Vorurteile sind oft die Folge.

Durch tägliche Reiki-Behandlungen erhöht sich unser Bewußtsein und erleichtert uns den Zugang zu unserem wirklichen Wesen. Wir können wieder Lebensenergie, Freude, Selbstwertgefühl und Vertrauen tanken und weitergeben. Wir können durch Reiki unser noch unbekanntes, brachliegendes Potential entdecken und verwenden lernen. Dadurch ergeben sich ganz neue Aspekte, Aussichten und Chancen, die nur darauf warten, von uns angenommen zu werden. Tägliche kleine Ärgernisse werden mit Lichtarbeit entkräftet und umgewandelt.

Bewältigung von Lebenskrisen

Die schwerwiegendsten Ereignisse in unserem Leben sind Trennungen von geliebten Menschen, das Scheitern von Beziehungen wie auch der Tod. Diese Ereignisse sind schon in der Kindheit die schlimmsten, angsterfüllendsten Bedrohungen, denn sie sind mit großem Schmerz, Verlust und Vereinsamung verbunden. Partnertrennungen entstehen aus den unterschiedlichsten Gründen, aber die Auswirkungen sind überall relativ ähnlich. Demütigung, Minderwertigkeitsgefühle, Einsamkeit, Leere, Überbelastung mit Kindern, finanzielle Probleme und anderes sind die üblichen Folgen dieses Aktes, bei dem einen mehr bei dem anderen weniger.

Während einer Trennung empfinden viele Menschen so viel Schmerz und Weltuntergangsstimmung, daß es für sie unmöglich ist, gleichzeitig an die Zukunft zu denken. Oft wird dieser einschneidende Prozeß noch begleitet von gerichtlichen Auseinandersetzungen, Streitereien um Kinder und/oder Vermögen, was viele an den Rand der Verzweiflung bringt. Die meisten derer aber, die eine Partnertrennung bereits vollzogen haben, werden rückwirkend viel Kraft aus diesem traurigen Anlaß schöpfen. Sie haben sich ein neues, oftmals besseres Leben aufgebaut, haben viel über sich selbst und ihre vergangene Beziehung nachgedacht und haben aufgrund ihrer Erfahrungen und Erkenntnisse zu einer neuen, intensiveren Zweisamkeit gefunden. Viele haben gelernt, unabhängig ihr eigenes Leben in jeder Beziehung in die Hand zu nehmen und haben dadurch ein neues, stabiles Selbstwertgefühl aufgebaut. Eine schmerzvolle Trennung kann auch ein großes persönliches Wachstum zur Folge haben.

Das wird vielleicht diejenigen kaum trösten, die sich gerade mitten in einem solchen Prozeß befinden, aber auch hierbei hilft Reiki, Energie und Kraft zu entwickeln, um diese schwierigen Zeiten zu überwinden und Ruhe zu bewahren. In dieser Situation sollten die Reiki-Selbstbehandlungen intensiviert und positive mentale Eingebungen (Reiki 2. Grad) angewendet werden. So können die unangenehmsten Nebenerscheinungen einer Trennung, wie zum Beispiel unnötiger, haßerfüllter Streit, Kämpfe um Kinder und Vermögen, Anklagen und Vorwürfe zumindest gemindert, wenn nicht sogar verhindert werden. Durch Reiki wird das Vertrauen ins Leben gestärkt und es kann ein Neuaufbau schneller begonnen werden.

Auch hierbei ist es wichtig, die positiven Aspekte der Trennung zu sehen. Manchmal ist sie eine große Befreiung für zwei Partner, die sich auseinandergelebt haben, und beide können sich in unterschiedlichen Richtungen alleine viel besser entwickeln. Es kann vielleicht eine neue Arbeit in Angriff genommen werden, was mit dem Partner unmöglich gewesen wäre. Es kann aufgrund einer solchen Krise im eigenen Leben tüchtig aufgeräumt und ausgemistet werden. Persönliche Eigenheiten und Schwächen werden bewußt und können verarbeitet werden. Damit wächst die eigene Toleranzbereitschaft, was wiederum ein leichteres Verzeihen, wie ebenso eine gesunde, notwendige Basis für eine neue Beziehung darstellt. Es ist durchaus berechtigt zu behaupten, daß die schwersten Lebenskrisen die hohe Schule des Umlernens sind.

Die wohl schmerzlichste Trennung ist der Verlust eines geliebten Menschen durch den Tod. Sogar diejenigen, die durch eine lebensbedrohliche Krankheit des Verstorbenen auf dessen Tod gefaßt sein mußten, erleiden bei seinem Ableben einen unbeschreiblichen Schock. Die scheinbare Endgültigkeit des Verlustes durch den Tod bewirkt Gefühle von Schuld, Verlassenheit, Wut, Hilflosigkeit und vor allem Schmerz und Einsamkeit. Wochenlang werden Erinnerungen an vergangene Zeiten mit dem Verstorbenen wach, kritische Situationen nochmals durchlebt. Der Tod eines Menschen ist zuerst für uns unbegreiflich und dennoch dürfen wir nicht vergessen, daß er für Schwerstkranke eine Erlösung von Schmerzen und Qualen bedeutet. In solchen Fällen sollten wir auch dankbar und demütig sein, daß ein uns naher und vertrauter Mensch in eine bessere und unbeschwertere Welt hinübergehen durfte. Die natürliche Trauer über einen großen Verlust ist zwar wichtig, darf aber nicht in endloses Selbstmitleid ausarten, sonst kann die Seele des Verstorbenen nicht in Frieden gehen und wir ziehen unnötigerweise auch unseren Leidensweg in eine künstliche Länge. Dieser Schmerz ist eher ein egoistischer, denn er betrifft nur uns selbst und ist auch oft mit Vorwürfen an den Toten verbunden. Falsche Trauer hält uns in einem negativen, apathischen Zustand und behindert so den notwendigen Prozeß des Annehmens, der es uns ermöglicht, in Frieden mit uns und der Welt weiterzuleben. Das bedeutet nicht, daß wir nach einiger Zeit der Trauer entsagen sollten, sondern daß wir die natürliche Umwandlung dieses großen Schmerzes in liebevolle Erinnerungen überleiten können. Häufig auftretende Selbstvorwürfe bewirken eine völlig unnötige Selbstzerfleischung, denn der Verblichene hat uns genauso geliebt wie wir sind, mit all unseren guten sowie schlechten Eigenschaften.

In besonders tragischen Todesfällen, meist bei Kindern und Verbrechensopfern mischt sich die Trauer unweigerlich mit Wut, Entsetzen und großem Zweifel an eine höhere Gerechtigkeit. Hier stellt sich die Frage nach dem Sinn des Lebens und eines frühen Todes. Warum mußte ein Kind sterben und nicht ein älterer oder schwerkranker Mensch? Warum stirbt ein Mensch qualvoll durch Gewalteinwirkung? Diese Fragen lassen sich niemals intellektuell lösen, wenn sie sich überhaupt lösen lassen. Aber was können wir tun, um einem Hinterbliebenen in einer so schwierigen Situation zu helfen? Das Wichtigste ist, daß dieser Mensch sich selbst wiederfindet und im Leben wieder Fuß fassen kann, ohne dauerhaft Rachegefühle und Haß in sich zu hegen.

In jedem dieser Fälle sind die vier Reiki-Basisbehandlungen unbedingt erforderlich und anschließend sind möglichst tägliche Behandlungen mit aufbauenden Botschaften durchzuführen. Mit Reiki können wir viel Licht und Liebe fließen lassen, was mit tröstenden Worten in solchen Situationen kaum zu bewerkstelligen ist. Wenn möglich, sollte ein Trauernder auch Gruppen-Reikibehandlungen von mehreren Personen und/oder regelmäßige Fernbehandlungen erhalten.

Die Frau im Klimakterium

Im Leben einer Frau gibt es einige wichtige Lebensabschnitte. Eine der einschneidensten Phasen ist wohl der Eintritt in das Klimakterium. In dieser Zeit findet bei der Frau eine körperliche Veränderung statt, die sich auch seelisch auswirken kann. Anatomisch gesehen tritt folgendes ein: Die Produktion des Hormon Östrogen wird vermindert, es findet kein Eisprung mehr statt und somit auch keine Menstruation mehr (Menopause). Im allgemeinen tritt die Menopause zwischen dem 48. und 52. Lebensjahr, durchschnittlich mit etwa 49 Jahren, ein. Die Frau ist dann nicht mehr gebärfähig. Diese Veränderungen haben bei vielen Frauen eine ganze Reihe von körperlichen aber auch seelischen Störungen zur Folge. Als Ursache der Beschwerden gilt heute die physiologisch verminderte Erzeugung der Östrogene, wodurch direkt oder über das Zwischenhirn Störungen im vegetativen Nervensystem ausgelöst werden können. Dadurch gerät einiges im Körper durcheinander. Es kommt zu Fehlreaktionen. Wechseljahrbeschwerden können schon bis zu sechs Jahren vor der Menopause beginnen. Es handelt sich hierbei um unregelmäßige Regelblutungen. Als Beschwerden nach dem Ausbleiben der Menstruation können auftreten: Hitzewallungen, nervöse Störungen, Schlafstörungen, Herzrasen, Gemütsschwankungen bis hin zu Depressionen.

Oft fällt dieser Zeitpunkt genau mit einer Veränderung in der Familie zusammen. Die Kinder sind inzwischen erwachsen und verlassen das Elternhaus. Die Frau hat plötzlich keine sinnvolle Aufgabe mehr. Sie glaubt, daß sie als Frau nicht mehr so attraktiv ist und gerät dadurch in eine Krise. Das verschlimmert die ganze Situation erheblich. Es wäre gut, wenn Frauen sich schon frühzeitig auf diesen Lebensabschnitt vorbereiten könnten, ihn in ihrem Bewußtsein als einen wichtigen Teil in ihrem Leben akzeptieren würden, genauso wichtig, wie die Zeit der Mutterschaft. Auch die Wegbereitung zu einer neuen Lebensaufgabe gehört dazu.

Reiki kann hier bei der Vorbereitung auf diesen neuen Lebensabschnitt die Frau unterstützen und ihr helfen, die Zeit der Wechseljahre zu einer glücklichen , bejahenden und erfüllenden Zeit werden zu lassen. Frauen, die sich regelmäßig Reiki geben, kommen in Harmonie, sind gesundheitlich stabil und sie erfahren, wie es ist, mit sich und der Umwelt im Einklang zu leben. Sie können sich selbst lieben und so akzeptieren, wie sie sind. Diese Frauen haben ein anderes Bewußtsein und können dadurch mit Veränderungen in ihrem Leben besser umgehen und nehmen diesen Lebensabschnitt in Gelassenheit und Harmonie an. Auch die körperlichen Beschwerden in den Wechseljahren können besser verkraftet werden. Depressionen müssen überhaupt nicht erst entstehen.

Sollten Beschwerden auftreten, dann sollte man sich viel Reiki geben oder geben lassen. Auch mit dem 2. Grad Reiki arbeiten und sich mentale Botschaften schicken. Zum Beispiel: «Dein Hormonhaushalt ist harmonisch und ausgeglichen.« »Du bist in Harmonie.« »Du nimmst mit Freuden diesen neuen Lebensabschnitt an.« »Du bist glücklich und zufrieden.« Oder finde Deine eigene, ganz speziell für Dich passende Botschaft.

Sollten die Beschwerden ein gewisses Maß überschreiten, dann bitte unbedingt das Gespräch mit dem Frauenarzt suchen und sich beraten lassen. Unter Umständen ist eine Hormontherapie angebracht. Auch diese Möglichkeit sollte gegebenenfalls in Betracht gezogen werden.

Eine beschwerdefreie Zeit in den Wechseljahren und in der Zeit danach, verbunden mit einer sinnvollen , erfüllenden Lebensaufgabe, läßt die Frau bis ins hohe Alter zu einem lebensbejahenden, glücklichen Menschen werden, und Reiki wird dabei eine große Hilfe sein.

Venen

Ganz bewußt möchten wir an dieser Stelle nochmals wiederholen, daß bei Erkrankungen der Rat eines Arztes oder Heilpraktikers einzuholen ist. Das trifft selbstverständlich auch auf die Thematik dieses Kapitels zu. Die richtige Diagnose bestimmt die anschließende Therapie und auch additive Maßnahmen, wie zum Beispiel den gezielten Einsatz von Reiki-Behandlungen. Zunächst möchten wir gerne vorab einige wichtige, allgemeine sowie spezielle Informationen zu diesen weit verbreiteten Erkrankungsformen geben. Der griechische Arzt Hippokrates, er lebte im 5. Jahrhundert vor Christus, beschrieb bereits damals auf seine Art und Weise Erkrankungen der Venen. Nachforschungen in der heutigen Zeit ergaben einen interessanten Aufschluß: In Gebieten moderner Zivilisation findet man die Erscheinungsformen wesentlich häufiger als in Regionen, in welchen die Menschen noch viel natürlicher leben. Die Erkenntnis daraus liegt sehr nahe. Denn mit fast allen Arten unseres sogenannten modernen Fortschritts »bewegen« wir uns immer mehr von allen Formen der natürlichen Bewegung – und der Natur selbst – weg! Mit der richtigen, körperlichen Bewegung in der Natur ist auch gleichzeitig die lebenswichtige Aufnahme von Sauerstoff in unseren Organismus verbunden. Dies alles fehlt natürlich, wenn man zum Beispiel an einen sitzenden Büromenschen denkt, der auch noch zusätzlich sehr viel Kopfarbeit zu leisten hat und außerdem noch in einem klimatisierten Raum – ohne Frischluft – die meisten Stunden seines Arbeitstages/Lebens verbringen muß.

Vergleiche bitte an dieser Stelle selbst einmal, wie und wo und unter welchen Bedingungen Du arbeitest…

Sehr häufig kommt noch eine völlig falsche Ernährungsweise hinzu. Teils aus Unwissenheit – zum anderen Teil berufs- und zeitbedingt – oft vielleicht auch aus einer Art von Bequemlichkeit heraus. Oder ist es etwa gar ein Automatismus, der uns dazu bringt, besonders schädliche Nahrungsmittel und Getränke zu uns zu nehmen? Geschieht dies auf Dauer, so führt dieses Fehlverhalten im Körper zur Übersäuerung, das Bindegewebe degeneriert und verliert seine Stützkraft. Dem Körper können sogar wichtige Mineralien entzogen werden, um die Übersäuerung abzupuffern. Wenn das Gewebe übersäuert, können sogar Muskeln geschwächt werden und Knochen sowie Bandapparate degenerieren.

Bei Betroffenen wird oft beobachtet, daß diese ein starkes Übergewicht haben (meistens besonders im Bauchbereich). Anatomisch bedeutet dies, daß die Überfülle der Bauchorgane auf die Einmündung der Beinvene, im Bereich der Leiste, wo die großen Sammelvenen zum Herzen hin beginnen, drücken. Dies ist schädlich, wenn eine Dauereinwirkung stattfindet.

Wer sich von dieser Thematik angesprochen fühlt oder sogar betroffen ist, wird sich nun die Frage stellen: Was soll ich denn jetzt tun? Gerade in diesen Fällen gibt es viele Möglichkeiten – die wichtigsten Aktivitäten kann man sogar selbst durchführen. Zuvor sollte man jedoch seinen Arzt konsultieren, um den möglichen Verdacht durch eine richtige Diagnose abzusichern. Sollte sich ein Befund bestätigen, so werden sicherlich Therapievorschläge erfolgen, die gegebenenfalls auf naturheilkundlicher Basis wie folgt aussehen könnten:

Kleiner oder großer Aderlaß, Blutegel, Quaddelungen, Einnahme von Lachesis D 12 (Homöopathie), große Ozon-Sauerstoff-Eigenblut-Therapie, Schröpfen am Rücken, Gummistrumpf-Verordnung und in ganz schwierigen Fällen muß der Arzt sogar zur Operation raten, wenn diese noch durchführbar ist.

Was kann der Betroffene selbst tun:

Ergänzend zu allen anderen Maßnahmen, regelmäßige Reiki-Behandlungen durchführen und dabei öfter und länger auf den folgenden Positionen verweilen: Leber/Galle, Milz, Solarplexus,

Leisten, Wurzel-Chakra, großer Rollhügel, Innenseite Oberschenkel und auf direkt betroffene Stellen (bei offenen Stellen am Bein, Hände darüber halten, nicht auflegen!).

Im Kopfbereich: die Ohrenposition (Ohrakupunkturpunkte der Bauchorgane), Medulla Oblongata (Hinterkopf). Mit dem 2. Grad des Reiki kann hier zusätzlich mittels einer geeigneten Botschaft gearbeitet werden.

Am Rücken: alle Positionen von der Nierenposition abwärts bis zur Gesäßposition (Entsprechung der Organe auf der Vorderseite unter Einwirkung der Reflexzonen am Rücken!).

Dies sind die rein körperlichen Aspekte. Während der Reiki-Behandlung können jedoch noch andere weitreichende Prozesse wirkungsvoll in Gang gesetzt werden. Diese können sehr, sehr wertvoll sein, da sie in den geistig/seelischen Bereich einzudringen vermögen. Das könnte zum Beispiel bedeuten, daß der Behandelte zum tiefen Nachdenken kommt, was dazu führt, daß er in seinem bisherigen Tagesablauf/Leben etwas ändert, um im Leben besser voranschreiten zu können.

Zusätzlich können die folgenden Eigenmaßnahmen ergriffen werden:

Innere Maßnahmen

- Umstellung der Ernährung auf Vollwert-Nahrung (alle Bestandteile der frischen Pflanze sollten noch enthalten sein),
- täglich frisch gekeimte Getreide-Sprossen und viel Rohkost essen,
- Alkohol, Kaffee, Zigaretten, Drogen, bestimmte Medikamente (den Arzt fragen) meiden.

Äußere Maßnahmen

- Kaltwassertherapie (nach Kneipp)
- Reibesitzbad/Rumpfreibesitzbad (Buch: Dr. med. E. Rauch: Blut- und Säftereinigung)
- Einreibungen
  Kupfer/Quarz/Rosmarin-Spray, Retterspitz, Blutegelsalbe oder Essaven

- Umschläge
  Kaltwasserwickel, Eigenharn-Umschläge (Buch: Van der Kroon: Die goldene Fontäne), Quark- oder Heilerde-Umschläge.
- Fußroller (Sanitätshaus), Tritt-Stepp-Gerät, Trimilin (Sporthaus)
- Gehen, Joggen, Schwimmen, Skilanglauf, Seilspringen, isometrische Übungen.

Der guten Ordnung halber sei noch erwähnt, daß sehr oft die Schuld von den Betroffenen auf eine Vererbung geschoben wird. Dies trifft nur zu einem ganz geringen Prozentsatz zu. Es wäre ja auch zu einfach und würde außerdem ein leichtfertiges Alibi für die eigene Passivität sein.

Wie aus den genannten Ausführungen hervorgeht, liegt der Schwerpunkt eindeutig auf der Seite der Eigeninitiative!

In einem solchen Fall könnte der folgende Spruch zum Leitsatz für den weiteren Verlauf werden:

»Es gibt nichts Gutes –
außer man tut es !«

Bewußte Körperpflege von Kopf bis Fuß mit Reiki

Wenn wir bereit und willens sind, können wir bei allem, was wir mit unseren Händen tun, Reiki einfließen lassen. Diese Tatsache können wir uns zum Beispiel bei der persönlichen Körperpflege zunutze machen. Beim Duschen, Baden, Waschen lassen wir über unsere Hände Reiki in unseren Körper einfließen. Wenn wir auf das Gesicht Creme auftragen, dann streichen wir mit den Händen über die Haut und lassen bewußt Reiki einfließen. Dasselbe gilt für den ganzen Körper, wenn wir zum Beispiel eine Körper-Lotion oder ein Hautöl einmassieren, daran denken, Reiki einfließen zu lassen. Auch die Füße freuen sich über die Pflege, insbesondere, wenn wir viel auf den Beinen sind oder viel stehen müssen. Ein Fußbad tut sehr wohl, dabei die Füße leicht massieren und Reiki geben. Anschließend eine Creme, es gibt spezielle Fußcremes, einmassieren. Hierbei werden auch die Fußreflexzonen zusätzlich stimuliert.

Bei der Haarpflege gilt das gleiche. Wer denkt schon beim Haarewaschen an Reiki? Aber das wird nun anders! Unser Bewußtsein ist jetzt geweckt. Wir massieren uns Reiki regelrecht in die Kopfhaut ein, in die Haare bis in die Haarspitzen. Auch bei der Anwendung von Pflegemitteln wie Haarwasser, Lotionen, die wir in die Haare einmassieren, gleichzeitig Reiki geben. Das kräftigt die Kopfhaut und die Haarwurzeln und fördert die Durchblutung der Kopfhaut. Wir können bei regelmäßiger Anwendung unseren Haarwuchs und die Gesundheit der Haare fördern, was sich durch Fülle und Glanz bemerkbar macht.

Deshalb ist Reiki auch gut geeignet für alle Berufe im Bereich Körperpflege und Schönheit, wie zum Beispiel FriseurIn und KosmetikerIn.

Steigerung der Wahrnehmungsfähigkeit durch den bewußten Einsatz unserer fünf Sinne

Wir haben es selbst in der Hand, ob wir einfach in unserem Alltagstrott so dahin leben, oder ob wir unserem Leben mehr Tiefgang geben. Da wir durch Reiki nun viel bewußter geworden sind, können wir unser Leben außergewöhnlich bereichern durch tiefes Erleben, Empfinden der mitunter einfachsten Dinge. Diese sind uns vorher oft völlig entgangen, weil wir vieles ganz automatisch tun, wie Roboter.

Der menschliche Körper ist ein Wunderwerk! Wir sind mit allem ausgestattet, was wir brauchen, um fröhliche und glückliche Menschen zu sein. Die Möglichkeiten, die unsere fünf Sinnesorgane für uns bereithalten, schöpfen wir selten völlig aus, und viele Dinge gleiten direkt an uns vorbei, die uns vielleicht die schönsten und glücklichsten Momente des Lebens geschenkt hätten.

Unsere fünf Sinne haben sehr viel damit zu tun, ob wir unsere Welt positiv erfahren. Unsere Sinnesorgane sind die Türen zwischen unserem Innenleben und der Außenwelt. Durch sie lassen wir das Außen in unser Inneres, nämlich in unseren Körper, in unsere Seele eindringen. Mit unseren Sinnesorganen wird die Außenwelt erfahrbar. Unsere fünf Sinne sind das Sehen, Hören, Riechen, Schmecken und das Fühlen.

Die Augen

Die Augen lassen uns die Welt um uns herum visuell wahrnehmen. Man nennt sie die Fenster zur Seele. Wir treffen selbst die Entscheidung, wie wir unsere Umwelt sehen und wahrnehmen. Und wir müssen wieder lernen, zu schauen. Beschauliche Dinge sind Balsam für unsere Seele. Dazu müssen wir aber die Fähigkeit entwickeln, bewußter zu sehen. Wir können uns am Anblick so vieler Dinge erfreuen, wenn wir nicht achtlos daran vorübergehen: Zum Beispiel am Anblick der Natur, an einer Blume, einer schönen Landschaft, am Anblick eines Lächelns im Gesicht eines Menschen. Durch bewußtes Wahrnehmen können dies Augenblicke unendlicher Freude und des Glücks sein. Wir nehmen diese Dinge ganz tief in uns auf und nähren so unsere Seele damit. Wenn wir eines Tages die Schönheit um uns herum nicht mehr wahrnehmen können, verschließen wir unsere Seelenfenster, und es wird ganz dunkel in uns. Dann ist der Mensch traurig, verstimmt oder depressiv. Das läßt sich ändern. Öffne ganz weit Deine Seelenfenster. Laß Licht herein, es ist Leben, Freude, ja Lebensfreude. Lerne wieder zu schauen, bewußt zu sehen – auch die Details. Oft liegt die Schönheit in den kleinen Dingen verborgen.

Durch bewußtes Wahrnehmen können wir sehr viel von der Natur lernen. Wenn ich traurig bin, kann ich in den Wald gehen. Dann ist der Baum mein Lehrer und sagt: »Mir ist es egal, ob Du oder die Menschen traurig oder froh sind, ich bin einfach nur da. ICH BIN! Ich stehe seit Jahrzehnten am gleichen Platz und strecke mich zum Licht. Die Hektik und das Getriebe der Menschen berühren mich nicht. Ich verändere nie meinen Standort und bin doch zufrieden. Ich bin beständig und lebe ganz im Augenblick. Reines Sein! Ich denke nicht im Frühling schon an die Kälte im Winter. Ich lasse alles geschehen, ich habe Zeit, ich bin in jeder Sekunde nur Baum.«

Bei Wanderungen im Hochgebirge kannst Du von den Blumen lernen. Ganz oben in luftiger Höhe, wo schon keine Bäume mehr gedeihen, wächst sie, die kleine Alpenblume in Gruppen oder auch ganz alleine. Sie ist mutig und stark, extremen Lebensbedingungen ausgesetzt und doch so schön. Sie kommt zwischen den Steinen hervor, aus Felsritzen an den verborgensten Stellen. Sie lebt, sie ist einfach nur da. Warum? Sie allein weiß es. Sie ist selbstlos, ... bedingungslose Liebe. Anders die Rose im Garten, die mit den bewundernden Blicken kokettiert und ihren nach Aufmerksamkeit heischenden Duft verströmt. Und doch ist auch sie ein Wunderwerk. Ein Geschenk der Natur.

Die Ohren

Unsere Ohren lassen uns die Geräusche und Töne um uns herum wahrnehmen. Wir können jedoch einfach nur hören, wir können aber auch lauschen. Geräusche sind nicht immer wohltuend, das wissen wir, dann empfinden wir sie als Lärm. Aber wir treffen selbst die Entscheidung, ob wir uns unnötigem Lärm aussetzen oder lieber in die Stille gehen wollen. Am besten lernst Du wieder zu lauschen, wenn Du schweigst. Mache einmal den Versuch und gehe schweigend durch die Natur, Du wirst Dich wundern, was Du alles hörst! Das Zwitschern der Vögel, das Rauschen des Windes, das Rascheln der Blätter, das Plätschern eines Baches, das mächtige Getöse eines Wasserfalles. Diese Geräusche wirken dann positiv auf Dich, wenn Du sie ganz in Dich aufnimmst. Ebenso liegt es ganz an Dir, ob Du Dich dauernd mit lauter Musik berieseln läßt, oder ob Du ganz bewußt hin und wieder einer schönen Musik lauschst.

Die Nase

Wohlgerüche wirken wohltuend und positiv auf uns. Gestank macht uns krank. Wie Gerüche auf uns wirken, merkst Du daran: Wohlriechende Menschen sind uns sympathisch, nicht wohlriechende wirken abstoßend auf uns. Irgend etwas geht in uns da vor, was uns unser Sinnesorgan Nase signalisieren will.

Lüfte häufiger bei schlechter Luft in Räumen, oder stelle eine Aromalampe mit Deinem Lieblingsduft auf. Du kannst Dich für Düfte sensibilisieren, indem Du Gerüche bewußt wahrnimmst. Genieße den Duft einer Blume, genieße den Duft reifer Früchte. Im Wald zum Beispiel riechst Du den Duft vom Waldboden, den würzigen Duft der Tannennadeln oder den Geruch frisch geschlagenen Holzes und vieles, vieles mehr. Gehe auf eine Entdeckungsreise. Die Welt ist voller Wunder!

Der Geschmackssinn

Unser Geschmackssinn ist sehr eng mit unserem Geruchssinn verwandt. In manchen Regionen wird deshalb zu riechen auch schmecken gesagt. Wenn wir hier von schmecken sprechen, meinen wir den Geschmack durch Zunge und Gaumen. Wenn Du köstlich duftende Speisen vor Dir hast, werden sie auch besser schmecken. Genieße den Duft einer Erdbeere, bevor Du sie verspeist, und sie wird noch köstlicher schmecken als sonst.

Essen ist mehr als nur eine Nahrungsaufnahme. Es kann ein Genuß sein, wenn wir lernen, bewußter zu essen. Dazu gehört, daß wir langsam und natürlich bewußt essen und uns ganz auf den Geschmack der jeweiligen Speise einlassen. Dann bekommt uns die Nahrung auch viel besser, und das Essen ist ein positives Erlebnis, eine Gaumenfreude.

Der Tastsinn

Unser Tastsinn wird über die Haut wahrgenommen, insbesondere über unsere Hände. Wir können, wenn wir uns bewußt auf unseren Tastsinn einlassen, viele positive Eindrücke in uns aufnehmen. Unsere Hände werden durch Reiki immer sensibler. Beim Anfassen eines Gegenstandes können wir diesen bewußt fühlen, wenn wir ihn eine Weile in der Hand halten, die Oberfläche abtasten. Ist sie glatt oder rauh? Oder gehe in den Wald und streiche mit Deinen Händen über das zarte Moos oder über die rauhe Baumrinde. Nimm einmal Erde in Deine Hände und fühle sie. Wie fühlt es sich an, wenn der Wind Dich zärtlich berührt? Oder ein anderes Mal, wenn er Dir kalt ins Gesicht bläst.

Wir können durch die Sensibilisierung und Bewußtwerdung unserer Sinnesorgane unser Leben bereichern und alles viel tiefer wahrnehmen und erleben und somit unser Leben positiv gestalten.

Meditation: Unsere fünf Sinne

Diese Meditation ist eine Reise zu Deinen Sinnesorganen. Es ist eine Visualisation, und dabei werden alle Deine fünf Sinne angesprochen. Du kannst Dir den folgenden Text auf ein Tonband sprechen, oder lasse Dir den Text von jemandem vorlesen. Es ist gut, wenn der Text ganz langsam gesprochen wird.

Setze Dich bequem auf einen Stuhl oder lege Dich hin. Während der Meditation kannst Du Dir natürlich die Hände auf den Körper legen und Dir Reiki geben. Sei ganz entspannt und schließe bitte Deine Augen.

Stelle Dir vor, Du befindest Dich auf einer Wiese inmitten einer wunderschönen Landschaft. Die Sonne scheint und ein leichter Wind weht. Gehe langsam über die Wiese und nimm um Dich herum die Schönheit dieser Landschaft wahr. Erfreue Dich am Anblick des grünen Grases und der bunten Wiesenblumen. Jede Blume ist schön auf ihre Weise. Schaue Dir die Blumen genau an und erkenne, daß jede Blume anders aussieht. Welch eine Vielfalt!

Wenn Du genau hinschaust, nehmen Deine Augen noch viel mehr wahr. Du erkennst, daß die Wiese voller Leben ist. Du siehst die kleinen Käfer zwischen und auf den Grashalmen herumklettern. Die wunderschönen bunten Schmetterlinge flattern tanzend durch die Luft. Die Bienen und Hummeln fliegen von Blüte zu Blüte und nehmen den süßen Nektar auf. Du nimmst auf einmal den Duft der Blumen wahr, wie sie verführerisch duften, um die Bienen anzulocken. Du hörst das Summen der Bienen, die von dem Duft und der Farbe der Blüten angelockt werden. Nun nimmst Du auch andere Geräusche wahr. Ganz in der Nähe sind einige Bäume. Du hörst dem Gesang und Gezwitscher der Vögel in den Zweigen zu. Die Blätter der Bäume rauschen leicht im Wind. Sonst ist es still. Doch nun, da Deine Sinne geschärft sind, hörst Du noch mehr. Ganz in der Ferne bellt da nicht ein Hund? Dann ist es wieder still. Du bist allein und lauschst dem Gesang der Vögel. Du freust Dich und fühlst Dich unglaublich wohl dabei. Die Sonne wärmt Dich und ein leichter Wind streichelt zärtlich Deine Haut. Das fühlt sich gut an. Gehe langsam weiter. Du kommst an den Waldrand. Der Duft im Wald ist ganz anders als auf der Wiese – viel würziger. Fühle unter Deinen Füßen den weichen Waldboden. Du bückst Dich, um mit den Händen über das Moos zu streichen. Das fühlt sich gut an, ganz weich und zart ist es. Die Sonne bahnt sich ihren Weg durch die Zweige der Bäume. Licht und Schatten wechseln ab. Farnkräuter säumen den Wegrand und bezaubern Dich mit ihren filigranartigen Blättern. Du gehst weiter und kommst an eine Lichtung. Hier stehen Bäume, an denen herrliche Früchte wachsen. Du erfreust Dich an ihrem Anblick, gehst auf einen Baum zu und pflückst Dir eine Frucht. Halte sie eine Weile in Deinen Händen und fühle sie. Nimm den herrlichen Duft wahr, bevor Du in diese Frucht beißt. Die Frucht schmeckt köstlich und Du freust Dich über ihren wunderbaren Geschmack. So gestärkt, trittst Du nun den Heimweg an, zurück durch den Wald, und nun befindest Du Dich wieder auf der Wiese.

Du bist ganz erfüllt von dem, was Du durch Deine Sinnesorgane alles erlebt hast. Du bist dankbar für Deine Augen, daß sie Dich so viel Schönes sehen lassen. Du bist dankbar für Deine Ohren, daß sie Dich so viel Gutes hören lassen. Du bist dankbar für Deine Nase, daß Du die wohltuenden Düfte wahrnehmen kannst. Du bist dankbar für Deine Zunge und Deinen Gaumen, daß sie Dich so viel Gutes schmecken lassen. Du bist dankbar für Deine Haut und Deine Hände, daß Du so viel fühlen darfst...

Nun komme allmählich zurück zu Deinem Tagesbewußtsein und öffne ganz langsam wieder Deine Augen.

Wenn Du diese Meditation regelmäßig machst, wirst Du die Wahrnehmungsfähigkeit und Sensibilität Deiner fünf Sinne steigern. Du wirst die Natur viel bewußter erleben und dadurch mehr Freude in Dein Leben bringen.

Der Chakra-Ausgleich

Das Wort Chakra kommt aus dem Sanskrit und bedeutet ein sich drehendes, pulsierendes Rad. Im feinstofflichen Bereich unseres Körpers gibt es weit über tausend kleinere Chakren, viele Nebenchakren und sieben Hauptchakren. Diesen sieben feinstofflichen Energie-Zentren, die entlang einer vertikalen Achse in der Körpermitte liegen, werden seelisch-geistige Eigenschaften zugeordnet, und sie haben Bezug zu entsprechenden Organen und Drüsen des Körpers.

Über die Hauptchakren können wir uns harmonisieren, aufladen und auch schützen. Unsere feinstofflichen Energie-Zentren sind wie folgt angeordnet:

Erstes Chakra (Wurzel-Chakra) in der Höhe des Schambeins,
Zweites Chakra (Sakral-Chakra) unterhalb des Nabels,
Drittes Chakra (Solarplexus) oberhalb des Nabels,
Viertes Chakra (Herz-Chakra) auf dem Brustbein,
Fünftes Chakra (Hals-Chakra) am Hals,
Sechstes Chakra (Stirn-Chakra) auf der Stirn und
Siebtes Chakra (Scheitel-Chakra) auf der Schädeldecke.

Mit Reiki können wir die Chakren harmonisieren. Dies geschieht auf folgende Art und Weise:

Wir legen eine Hand auf das Wurzel-Chakra – die andere Hand auf das Stirn-Chakra. Dabei fühlen wir die Energie und warten bis in beiden Chakren die gleiche Energie zu spüren ist. Dies äußert sich durch ein gleichmäßiges Wärmegefühl in beiden Händen. Dann verfahren wir mit den anderen Chakren auf die gleiche Weise. Es folgt das Sakral-Chakra mit dem Hals-Chakra, das Solarplexus – Chakra mit dem Herz-Chakra.

Zur Verdeutlichung fassen wir nochmals zusammen:

1. Chakra mit dem 6. Chakra,
2. Chakra mit dem 5. Chakra,
3. Chakra mit dem 4. Chakra ausgleichen.

Bei dieser Art von Chakra-Ausgleich wird das siebte Chakra nicht miteinbezogen.

Die Behandlungsdauer beträgt etwa 15–20 Minuten. Der Chakra-Ausgleich kann auch mit der Ganzbehandlung kombiniert oder separat durchgeführt werden. Wir weisen auf das Reiki-Buch *Reiki – Heile Dich selbst* hin, von Brigitte Müller und Horst Günther/Peter Erd Verlag, München. Hier findet der Leser, die Leserin eine Beschreibung der Chakra-Harmonisierung mit Abbildungen zur Selbstbehandlung. Für weitergehende Informationen über die Chakren empfehlen wir das Chakra-Handbuch von Shalila Sharamon und Bodo J. Baginski.

Der Biorhythmus des Menschen und Reiki

Vom Tag der Geburt an verläuft das Leben des Menschen in sinusförmigen (wellenartigen) Phasen. Im Grundsatz unterscheidet man drei Arten:

1. die physische Aktivität in einem Rhythmus von 23 Tagen
2. die emotionale Aktivität in einem Rhythmus von 28 Tagen, und
3. die intellektuelle Aktivität in einem Rhythmus von 33 Tagen.

Dieses Wechselspiel der Rhythmen und deren Verlauf könnte man, da diese immer wiederkehren, mit den Gezeiten des Meeres im Zusammenhang mit der Mond-Wirkung oder auch dem **Tag-/ Nacht-Rhythmus in Verbindung bringen!**
Im allgemeinen werden die Schwankungen nur von sehr sensiblen Menschen wahrgenommen. Mit Schwankungen ist der Unterschied zwischen einem Hoch und einem Tief gemeint. Dagegen werden die Übergangsphasen am Schnittpunkt zwischen Hoch und Tief von fast jedem – ob bewußt oder unbewußt – registriert! Selbst Menschen, die von all diesen Dingen nichts wissen, merken die Auswirkungen. Auch wenn sie es nicht verstehen oder zuordnen können. Dies äußert sich dann so, daß sie am kritischen Punkt, dem Übergangstag von einem Hoch zu einem Tief – oder auch umgekehrt –, **körperlich** anfälliger oder geschwächt sind, **gefühlsmäßig** gegebenenfalls niedergeschlagen sind oder sogar an diesem Tag zur Depression neigen. Sie äußern sich oft so: »Heute ist nicht gerade mein bester Tag« oder »Am liebsten würde ich heute gar nicht erst vor die Tür gehen, besser sogar, im Bett bleiben« oder »Alles, was ich heute anpacke, geht schief«. Sie sind **geistig** labil, mit ihren Gedanken oft abwesend, sind abschweifend und/oder absolut nicht in der Lage, Entscheidungen zu treffen.

Derartige Biorhythmuskurven können von einem Spezialisten oder Dienstleister oder auch selbst erstellt werden. Wer einen Computer hat, kann mittels eines besonderen Programmes eine entsprechende Zusammenstellung recht einfach anfertigen. Daraus kann man dann die kritischen Phasen erkennen!

Ahnst Du jetzt bereits, was wir vorhaben zu empfehlen? Ist das Problem erst einmal erkannt, so ist schon viel gewonnen! Ja, wir empfehlen den Einsatz von Reiki sehr rechtzeitig und zum richtigen Zeitpunkt. Auf den Tag genau läßt sich nämlich ablesen, wann der Schwachpunkt auftreten wird. So kannst Du Dir bereits ein bis drei Tage vorher Reiki-Ganzbehandlungen gönnen, um Dich zu stabilisieren und zu schützen, damit es gar nicht erst zu einem gravierenden »Tiefen-Erlebnis« kommt!

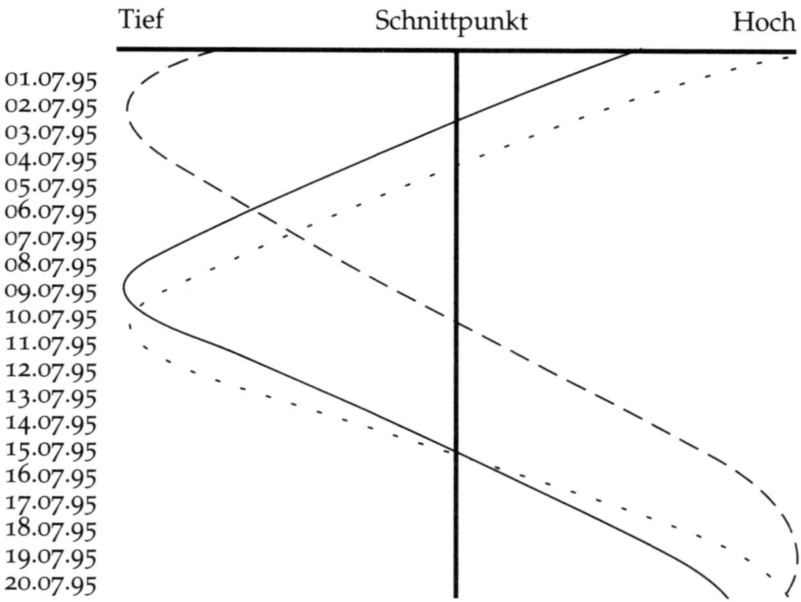

Beispiel eines Biorhythmus-Diagramms:
...... körperlich, —— seelisch, – – – geistig

Streß

Ursachen und Erkennung

Heute hat fast jeder Streß: Die Frau, der Mann, das Kind, die Tiere, die Natur... unser ganzer Planet! Es ist wichtig, bevor wir uns gemeinsam mit diesem Thema Nr. 1 der heutigen Zeit beschäftigen, einige Beispiele aufzuzeigen. Denn von außen betrachtet, also als LeserIn, kann man die tatsächliche Problematik und Wechselwirkungen viel besser erkennen, als eine davon selbst betroffene Person!

Dazu ein passender, bekannter Ausspruch:

»Er steht im Wald und sieht vor lauter Wald – die Bäume nicht!«

Schauen wir uns zunächst einmal ganz kurz ein Beispiel einer Frau (eines von vielen) in der heutigen Zeit an:

Aufstehen zwischen 6 und 7 Uhr. Erledigungen in der Wohnung und für die Familie, frühstücken. Kind/Kinder in den Kindergarten/Schule oder zur Oma/Betreuerin bringen. Fahrt ins Büro/ Geschäft (bei einer Fahrt mit dem Auto, entsprechend zusätzlicher Streß im Straßenverkehr). Während der Mittagspause in der Firma wird häufig noch eingekauft... weil die Zeit ja so knapp ist! Dann läuft wieder der Berufsstreß des Alltags – besonders am Nachmittag, wenn Tagestermine noch erledigt werden müssen. Dies bei Ganztagsbeschäftigten. Falls die Tätigkeit nur bis zum Mittag gehen sollte, so wird häufig zwischendurch das Kind vom Kindergarten oder der Schule abgeholt! Alles nach Plan und ... der Uhr! Nur selten – oder auch gar nicht – kommt man zu einem wirklichen »Feier – Abend«. In der Bedeutung, den nun erreichten Abend des Tages auch ausklingend zu »feiern«! Stattdessen wird sofort nach dem Eintritt in die Wohnung der Fernseher als »Geräuschkulisse« eingeschaltet, der dann auch später als Unterhalter mit Horror-/Kitsch und/oder Klamauk tätig ist. Mit der Zeit kann das Einschalten zur Automatik werden! Denn die Darbietungen sind meistens – von wenigen Ausnahmen abgesehen – massive Streßwellen einschließlich der eingeblendeten Werbe-Anreize! Zudem kostet all dies die Lebenszeit des Zuschauers. In abgewandelter Form, Art und Weise treten diese Alltagssituationen auch beim berufstätigen Mann auf. Mehr oder weniger mit verbundenem Leistungsdruck, dem Existenzkampf und so weiter. Dazu kommen gesellschaftliche Verpflichtungen im Privatleben wie zum Beispiel Veranstaltungen, zu welchen »man halt gehen muß, um zu sehen und gesehen zu werden« (Straßenfeste, Partys, Einladungen zu denen man geht, weil man gehen sollte, um nicht schief angesehen zu werden oder weil man »meint«, es ginge nicht ohne das eigene Erscheinen ... es geht aber!).

Selbst vor Kindern macht der Streß keinen Halt! Uns sind Fälle bekannt, in denen sich die Mütter jeden erdenklichen Zeitstreß auferlegen, nur um den Terminplan »der Kleinen« einzuhalten: verteilt über die Woche, jeweils nach der Schule (teilweise ohne Mittagspause/essen: Klavierstunde, Ballettunterricht, Reiten, Tennisstunde, Theatergruppe in der Schule...). Der bei den Eltern wachsende Leistungsdruck wird immer mehr auf die Kinder übertragen. Anfänglich kaum spürbar, schleicht er sich mehr und mehr ein. Oft wird auch gar nicht offenbar, daß das eine das andere nach sich zieht: Um dem Kind all die Streßfaktoren bieten zu können, müssen die Eltern alle zeitlichen und finanziellen »Register« ziehen und geraten damit...

Man braucht sich daher nicht wundern, daß vor kurzem ein bekannter Psychotherapeut, der sich in der Ehe- und Familien-Problematik sehr gut auskennt, zu folgender Aussage kam: »Die Leute laufen zunehmend als wandelnde Handgranaten herum«. Hinter einem derartig alarmierenden Zitat steht ein Berg riesiger Anhäufungen unseres Zeitgeschehens: Ständig steigende Anforderungen, die von außen kommen – und die wir uns selbst auferlegen. Sehr viele Menschen müssen sich sehr oft – und dies jeden Tag minuten- und mitunter sekundengenau nach etwas richten. Wer dann nicht weiß, wie er sich selbst besser schützen bzw. seine Situation meistern kann, läuft Gefahr, für sich selbst und/oder für andere zu einer Gefahr zu werden. (Die Ergebnisse sind leider täglich in den Zeitungen zu lesen).

Weniger stark, aber dennoch sehr gravierend, sind andere negative Begleiterscheinungen der Streßauswirkungen (siehe Kapitel Sucht): übermäßiger Genuß von Alkohol, Zigaretten, Kaffee, Medikamente. Auch die Flucht aus der Partnerschaft und/oder die Flucht in extreme Lebensformen.

Daraus ergibt sich die Frage:

Muß all das wirklich sein?
Oder: Geht es auch anders?
Ist das alles?
Wohin führt mich dies?
Wie lange halte ich das alles noch durch?

In der Ausgabe 46/94 des Magazins Focus erschien im Kapitel Medizin ein Artikel mit dem Titel:

»Streß – Die Seuche des 20. Jahrhunderts«
Die Autoren erhielten für dieses Buch freundlicherweise die Genehmigung des Verlages, einige Passagen zu zitieren:

- »Neueste Untersuchungen zeigen: Dauerstreß hinterläßt eine molekulare Erinnerungsspur in unserem Körper, die sich im Laufe des Lebens immer tiefer einprägt. Die Folgen: Krankheit und Abbau von Nervenzellen!
- Zwei Drittel aller Krankheiten sind direkt oder indirekt streßbedingt (Anmerkung der Autoren: Wenn dem so ist, ist Reiki definitiv und nachweisbar ein wunderbares Gegenmittel!).
- Auf die Frage: Warum ist Streß die Seuche des 20. Jahrhunderts?, antwortete Prof. D. Hellhammer vom Zentrum für Psychobiologie der Universität Trier: Weil es eine Zivilisationskrankheit ist. Die Weltgesundheitsorganisation hat kürzlich festgestellt, daß verhaltensbezogene Erkrankungen als einzige Gruppe weltweit weiterhin zunehmen.
- Hitliste des Alltags-Stresses. Auf die Frage: Ich nenne Ihnen einige Bereiche und Situationen, in denen man Streß haben kann. Sagen Sie mir bitte jeweils, ob Sie dabei persönlich häufig, gelegentlich oder nie Streß haben, antworteten mit »häufig«: 25% im Beruf, 16% im Straßenverkehr, 16% bei Lärm, 11% beim Einkaufen, 7% in der Partnerschaft, 7% mit den Kindern und 5% mit den Vorgesetzten.«

Mit diesen Darstellungen wollen wir helfen, streßbelastete Situationen bewußt zu machen und die Augen dafür zu öffnen. Denn häufig schleicht sich der Streß unbemerkt und ganz subtil in unseren Lebensalltag – ja sogar in unsere Freizeit ein!!! Wenn wir in der Lage sind, dies erkennen zu können, haben wir bereits 50% der Partie gewonnen!

- Welche Erkenntnisse gewinne ich für mich aus diesem Kapitel?
- Was kann ich davon in meinem Alltag positiv für mich verwenden und umsetzen?
- Wer kann mir dabei helfen?
- Welche anderen Unterstützungen/Hilfsmittel benötige ich?
- Wann will ich mit welchem Thema beginnen?

Hier lassen wir Dir jetzt Platz für Deine ganz persönlichen Notizen. Nimm Dir für Dich selbst Zeit –, und zwar jetzt sofort –, um aufzuschreiben, was Dir ganz spontan einfällt.

Vorbeugung

Damit es erst gar nicht zu spürbaren Symptomen kommt, sollte Vorsorge getroffen werden – und dies sollte zuallererst bei uns selbst beginnen. Wir beschreiben in unserem Buch die Reiki-Selbstbehandlung, die uns wieder in Harmonie und in unsere Mitte bringt; wobei wir eine längere Zeit auf der Position in der Körpermitte der Vorderseite (Nabel/Solarplexus) verweilen. Denn hier ist der Sitz der Emotionen, die beruhigt werden und die Körpermitte, die zentriert werden kann. Mit dem beschriebenen Chakra-Ausgleich bringt man sich gleichzeitig in Harmonie, aktiviert sich und gleicht sich zentrierend aus. Dies ist auch der Grund dafür, daß wir empfehlen, den Chakra-Ausgleich morgens durchzuführen. Der beschriebene »Lichtstrahl« (siehe Kapitel Schutz- und Auflade-Übung) ist neben einer körperlichen Energie-Aufladung auch eine sehr wichtige »Schutzmaßnahme« im feinstofflichen Körperbereich. Dadurch können streßfördernde Schwingungen abgehalten werden. Mit dem 2. Grad des Reiki gibt es natürlich noch erweiterte Möglichkeiten, vorbeugend zu wirken. So beispielsweise Reiki in die Arbeitssituation, auf den Arbeitsplatz, auf den Dienstreiseweg oder die Privat-/Geschäfts-Reise zu senden. Die Wirkungsweise ist dann doppelt: Einerseits tritt durch Reiki eine harmonisierende Wirkung ein, andererseits spürt man durch die Aktivität eine Art Befreiung und eine innere Beruhigung in einer sonst oft so hilflosen Situation. Die beste Vorbeugung ist jedoch, es gar nicht erst zu einer Streß-Situation kommen zu lassen. Wir sollten uns die angemessene Zeit zu einer Mahlzeit gönnen und ebenso die Vorbereitungen treffen (keine Hetze, keine Mikrowelle mit ihren Strahlungen, nur weil es schnell gehen muß!). Meistens liegt es an uns selbst, die großen Streßfaktoren von vornherein zu erkennen und zu verhindern, auch die Freizeit betreffend. Diesbezüglich gibt es zum Beispiel Armbanduhren, die die Zeit, Wegstrecke und Höhenmeter genauso messen, wie die Zeitabläufe und die Anzahl der Ski-Abfahrten. Für den Leistungssport: Ja! Für unsere erholsame Freizeit: Nein! Denn so würden wir uns schon wieder selbst unter Druck und Leistung setzen – ohne die Natur so richtig genießen zu können, um den Streß des Berufsalltages abbauen zu können!

- Welche Erkenntnisse gewinne ich für mich aus diesem Kapitel?
- Was kann ich davon in meinem Alltag positiv für mich verwenden und umsetzen?
- Wer kann mir dabei helfen?
- Welche anderen Unterstützungen/Hilfsmittel benötige ich?
- Wann will ich mit welchem Thema beginnen?

Hier lassen wir Dir jetzt Platz für Deine ganz persönlichen Notizen. Nimm Dir für Dich selbst Zeit –, und zwar jetzt sofort – , um aufzuschreiben, was Dir ganz spontan einfällt.

Bewältigung

Wie angesprochen, ist das rechtzeitige Erkennen eminent wichtig. Dazu können wir uns sensibilisieren, indem wir uns, unsere Reaktionen und unsere Umgebung genau beobachten. Eventuell ist es notwendig, sogar Aufzeichnungen zu machen, wann und bei welchen Gelegenheiten Streßreaktionen offensichtlich werden. Dies kann besonders unter Zeitnot, bei Mißerfolg, Konkurrenzdruck und bei persönlichen Krisen, zum Beispiel in der Familie auftreten. Es ist gut, wenn Du Dir bei diesen Situationen Notizen machst, wie Du reagierst und wie Du Dich verhalten hast.

Sicherlich gibt es viele Wege, die Dir helfen können, den Streß in den Griff zu bekommen und zu bewältigen. Dazu zählen – wie zuvor bereits ausführlich beschrieben – die Selbstheilungsmethode REIKI, Meditationen, wie in diesem Buch wiedergegeben, Muskelentspannung, Biofeedback, Yoga, Autogenes Training, mentales Training, Sport (außer Leistungssport), um nur einige wenige Beispiele von vielen Möglichkeiten zu nennen.

Es gilt auch folgendes zu überprüfen:

Wie gut kannst Du Nein sagen? Denn sehr oft wollen wir helfen oder können einfach nicht Nein sagen, sagen also Ja zu irgendwelchen Aufgaben, die wir gewollt/ungewollt zu übernehmen bereit sind – ohne Rücksicht auf unseren eigenen Zeitplan beziehungsweise unsere derzeitige Lebenssituation. Vielleicht hatten wir gerade vor zwei Tagen den festen Entschluß gefaßt, nun endlich einmal mehr Freizeit für uns selbst einzuplanen! Und nun ... haben wir uns wieder von einem Ja-Zugeständnis überrollen lassen???

Wir sollten wissen, daß streßmindernde Wirkung bei uns dann eintritt, wenn unsere Hirnanhangdrüse das Eiweiß Oxytocin ausschüttet. Dies ist immer dann der Fall, wenn wir nach einer Anspannung ganz bewußt einer Entspannung körperlich, geistig und seelisch Zeit und Raum geben, indem wir diesen gelösten Zustand auch total geschehen lassen und genießen!

Im menschlichen Körper gibt es definitiv chemische Prozesse aufgrund von Auslösefaktoren. So, wie oben geschildert, im Falle der Entspannung, gibt es bekannterweise die entgegengesetzte Reaktion bei hohem Streß, wie beispielsweise bei Überlebensangst. Dann wird durch die Nebennieren Adrenalin in solchem Maße ausgestoßen, daß außergewöhnliche Kräfte freigesetzt werden! Kommt dies jedoch sehr oft vor, sind wir im Dauerstreß und es wird unter Umständen sehr gefährlich!

Möchtest Du ein praktisches Beispiel zu unserem Vorschlag, eine Meditation als Entspannungsübung selbst durchführen? Dann suche Dir einen schönen, für Dich angenehmen Platz zum Liegen oder auch zum Sitzen, lege oder setze Dich bequem hin und, wenn notwendig, decke Dich mit einer Decke zu. Schließe nun Deine Augen und höre nur noch nach innen, was in den nächsten 10–15 Minuten in Dir vorgehen wird. Entspanne alle Muskeln, soweit Dir dies möglich ist. Achte besonders auf das Fließen Deines Atems, wie die lebenswichtige Atemluft durch Deine Nase eindringt und auf dem gleichen Wege wieder Deinen Körper verläßt. Bei jedem Ausatmen entspannst Du mehr und mehr!

Und nun stelle Dir vor, Du bist ein wunderschöner, gesunder und kräftiger Baum (entwickle dazu Dein eigenes Bild Deines Lieblingsbaumes!). Wie ist es, ein solcher Baum zu sein... Entdecke und erlebe es in Dir und durch Dich selbst – lasse Deiner Phantasie einfach freien Lauf!

Was für eine Art von Baum bist Du jetzt?
Wo wächst Du?
Hast Du Blüten?
Wenn ja, wie genau sehen sie aus?
Trägst Du Blätter?
Wie sehen diese aus?
Wie hoch wächst Du in den Himmel?
Wie groß ist Dein Umfang?
Welche Art von Baumrinde hast Du?
Ist sie glatt?
Wenn Du an Dir hinunterschaust, so stellst Du fest, daß Deine Wurzeln im Erdreich sind. Wie fühlen sich Deine Wurzeln an?
Wie tief greifen diese in den Boden unter Dir hinein?

Sind sie stark und dick oder dünn und sehr verzweigt?
Nun schaue Dich in Deiner Umgebung um! Wer steht neben Dir?
Wie ist Dein Leben als Baum?
Was erlebst Du jetzt?
In welcher Jahreszeit befindest Du Dich gerade?
Spürst Du eine Außen- oder Innentemperatur?
Kannst Du Dir geistig und körperlich vorstellen, was in Dir passiert, wenn die Jahreszeiten Frühling, Sommer, Herbst und Winter wechseln?
Wie fühlt sich das an?
Lasse nun Deiner Phantasie sehr viel Spielraum!

Nach zirka 10–20 Minuten, wenn Du wieder bereit bist, Deine Augen zu öffnen, nimm bewußt wieder Deine Umgebung wahr, fühle den Boden unter Dir und sei wieder ganz im Hier und Jetzt!

Lege Dir Deine Hände auf den Bauchbereich und fühle noch einmal in Dich hinein, was Dir diese Übung gegeben hat. Du kannst Dir auch Notizen machen, auf eine Kassette sprechen oder mit einem Freund, einer Freundin über das Erlebte reden. So hast Du mehr davon und kannst alles besser verarbeiten.

Selbstverständlich kannst Du das Bild auch für Dich persönlich verändern (anstelle des Baumes zum Beispiel Dein Lieblingstier oder eine Blume). Die Art und Weise der Übung hilft Dir, Deine Kreativität stärker zu leben, den Alltag total loszulassen, und es führt Dich aus einer vorangegangenen Streß-Situation in eine Entspannung!

- Welche Erkenntnisse gewinne ich für mich aus diesem Kapitel?
- Was kann ich davon in meinem Alltag positiv für mich verwenden und umsetzen?
- Wer kann mir dabei helfen?
- Welche anderen Unterstützungen/Hilfsmittel benötige ich?
- Wann will ich mit welchem Thema beginnen?

Hier lassen wir Dir jetzt Platz für Deine ganz persönlichen Notizen. Nimm Dir für Dich selbst Zeit –, und zwar jetzt sofort –, um aufzuschreiben, was Dir ganz spontan einfällt.

Mut zur Veränderung

»Ich bin, der ich bin …«

Ich will unter keinen Umständen ein Allerweltsmensch sein! Ich habe ein Recht darauf, aus dem Rahmen zu fallen – wenn ich es kann. Ich wünsche mir Chancen, nicht Sicherheiten. Ich will kein ausgehaltener Bürger sein, gedemütigt und abgestumpft, weil der Staat für mich sorgt. Ich will dem Risiko begegnen, mich nach etwas sehnen und es verwirklichen, Schiffbruch erleiden und Erfolg haben. Ich lehne es ab, mir den eigenen Antrieb mit einem Trinkgeld abkaufen zu lassen, lieber will ich den Schwierigkeiten des Lebens entgegentreten als ein gesichertes Dasein zu führen, lieber die gespannte Erregung des eigenen Erfolges als die dumpfe Ruhe Utopias. Ich will weder meine Freiheit gegen Wohltaten hergeben, noch meine Menschenwürde gegen milde Gaben. Ich habe gelernt, für mich selbst zu denken und zu handeln, der Welt gerade ins Gesicht zu sehen und zu bekennen, dies ist mein Werk. Das alles ist gemeint, wenn wir sagen:

Ich bin ein freier Mensch.

Albert Schweitzer

Ein anderer Weiser drückte es einmal so aus: »Das größte Hindernis, welches uns den Weg versperrt, sind wir selbst«. Daraus geht eindeutig hervor, daß wir bei uns selbst anfangen müssen. Den Mut dazu bekommen wir am besten, wenn wir mit kleinen Schritten, die leicht fallen, beginnen. Setze Dir also im Hinblick auf zu erreichende Veränderungen zunächst kleine Ziele. Freue Dich über alle Teilerfolge! Dies macht Mut zu größeren Taten. Denn nur, wenn wir etwas ändern, anders »tun«, als zuvor, können wir von einer Veränderung sprechen und andere Erfahrungen machen! Durch dieses kleine Wort mit den drei Buchstaben – **T U N** – wird »aktive« Tätigkeit offenbar. So kommst Du aus der passiven Theorie heraus!

Dazu geben wir gerne ein kleines Beispiel: Ein wertvoller Mitmensch, mit vielen, noch unentdeckten Fähigkeiten (wir nutzen meistens sehr viel weniger als 10% unseres eigentlichen Potentials!), fühlt oder ahnt innerlich, daß er noch zu anderen Möglichkeiten fähig sein könnte. Er hat aber bisher keinen Weg dazu finden können, noch brachte er den Mut auf, einen diesbezüglichen Kursus zu besuchen. Erst, wenn er es »getan« hat, diesen ersten Schritt zur Selbst-Erfahrung, kann er sehen, wo seine erweiterten Möglichkeiten sind. Dann können die nächsten Schritte vorbereitet werden.

Zu der genannten Thematik gibt es viele schlaue Bücher, einige sind auch gut – es ist aber besser, aus Erfahrung gesprochen – dies mittels eines Praxis-Seminares zu »erleben«! Dazu kannst Du Dir Kurs-Informationen von Seminar-Organisationen schicken lassen oder Dir ein persönliches Bild machen, wie so etwas sein könnte, wenn Du Dir eine Creamo-Broschüre zusenden läßt (siehe Anhang, Informationen/Adressen).

- Welche Erkenntnisse gewinne ich für mich aus diesem Kapitel?
- Was kann ich davon in meinem Alltag positiv für mich verwenden und umsetzen?
- Wer kann mir dabei helfen?
- Welche anderen Unterstützungen/Hilfsmittel benötige ich?
- Wann will ich mit welchem Thema beginnen?

Hier lassen wir Dir jetzt Platz für Deine ganz persönlichen Notizen. Nimm Dir für Dich selbst Zeit –, und zwar jetzt sofort –, um aufzuschreiben, was Dir ganz spontan einfällt.

Leben in Harmonie

Durch die Aufführung eines Negativ-Beispieles möchten wir zunächst einmal aufzeigen, wie man es nicht machen sollte: Eine der neuesten Meldungen besagt, daß Untersuchungen an der Harvard Medical School ergeben haben, daß man mit hellem, künstlichem Licht das Gehirn dahingehend »überlisten« kann, daß es glaubt, es sei taghell! Die Müdigkeit verschwindet. Eine solche Lichttherapie, mit genau abgestimmten Lichteinflüssen, soll innerhalb von drei Tagen eine Anpassung an eine Nachtarbeit ermöglichen. Inzwischen gibt es bereits eine Firma (in USA), die entsprechende Geräte herstellt. Eines davon ermöglicht die Anpassung des Körpers an die Nachtarbeit. Dabei handelt es sich um einen Lichtkasten, so groß wie ein Aktenkoffer, den man auf den Schreibtisch stellt. Nach zirka 15–30 Minuten tritt die Wirkung ein und man ist für die Nachtarbeit »umgepolt«.

Dieses oben genannte Beispiel zeigt uns sehr deutlich, wie extrem wir uns von der Natur und auch von der Natur im Menschen selbst – unserem angeborenen Biorhythmus – entfernen können! Daher raten wir dringend, bereits im Vorfeld auf alle Anzeichen zu achten, die uns von unserer natürlichen Art und Lebensweise versuchen abzuhalten oder daran hindern.

Werde Dir bewußt, daß Du selbst höchstpersönlich Dein eigener Kreator Deines Denkens und Deines Handelns bist! Damit gestaltest Du Dir Dein Privatleben, Dein Berufsfeld, Deine Freizeit… Deine Gesundheit (schenke Dir täglich die Zeit, Dir Reiki zu geben!).

Dies alles hat auch über Dich hinaus Auswirkungen auf Deine nähere und weitere Umgebung, die sich zunehmend positiv verändert – weil es von Dir ausgegangen ist! Und es fließt vervielfacht zu Dir zurück!

Das japanische Wort Reiki, universale Lebensenergie, kann man auch mit »bedingungslose Liebe« übersetzen. Vom Ursprung her ist alles im Einklang, im Gleichgewicht und in Harmonie! Schau Dir doch einmal bei wolkenlosem Himmel die Sterne in der Nacht an. Lasse die Ruhe, Unendlichkeit und das Einmalige der Schöpfung auf Dich wirken!!! Wenn es Dir gelingt, »Oben und Unten« zu vereinigen, bist Du in vollkommener Harmonie und im Einklang mit dem Schöpfer allen Seins, Gott!

Reiki kann Dir dabei eine sehr große Hilfe und Unterstützung sein, in manchen Fällen sogar der Wegbereiter überhaupt! Wie meistens, so auch hier, beginnt es bei uns selbst. Betrachten wir uns daher einmal das Wort »Liebe Deinen Nächsten – wie Dich selbst« näher. Wir können unseren Nächsten überhaupt erst dann lieben, wenn wir gelernt haben, uns selbst zu lieben. Es ist sehr viel leichter, einer anderen Person Hilfe zu gewähren, sie zu lieben – als sich auf die Schwerstarbeit mit sich selbst einzulassen. Besser ist es jedoch, den ersten Schritt vor dem zweiten zu machen! Durch die Eigenbehandlung mit Reiki gewinnen wir auch immer mehr Vertrauen zu unserem Schöpfer. So sind wir in der Lage, uns selbst besser anzunehmen und folglich auch zu lieben.

Je nach vorliegender Situation geschieht dieser Prozeß über einen längeren oder kürzeren Zeitraum. Wenn wir vom »Leben in Harmonie« sprechen, so erhebt dies schon einen hohen Anspruch – ist aber durchaus erreichbar! Im Zusammenhang mit Reiki wurde uns schon unzählige Male berichtet, daß Reiki-Praktizierende uns mitteilten, einige Personen in ihrer privaten und geschäftlichen Umgebung hätten sich in ihrem Verhalten sehr zu ihrem Vorteil verändert und würden sich viel positiver und freundlicher verhalten als früher. Was steht hinter einer solchen Aussage und Erfahrung? »Man« meint, die anderen hätten sich verändert. Diese »anderen« haben aber höchstwahrscheinlich gar keinen Reiki-Kurs besucht! Demnach kommt die Wirkung von dem, der darüber berichtet. Oft merkt diese Person überhaupt nicht, wie positiv sie sich verändert hat und ganz anders in ihrer persönlichen Ausstrahlung ist – im Gegensatz zu früher! Dies »färbt« förmlich ab und es wird dem reflektiert, der es durch seine positiven Schwingungen aussandte! So kannst Du Dir auch diesen Doppeleffekt erklären, der dazu führt, daß unser Umfeld eine positivere Gestaltung annimmt beziehungsweise über eine klärende Situation dorthin geführt wird.

Wenn Du möchtest, so kannst Du hier und jetzt einige persönliche Leitgedanken/Leitlinien aufstellen, die es Dir erleichtern können, Deinen Weg zum »Leben in Harmonie« gehen zu können.

Dazu einige Anregungen: A. Schreibe Dir alles auf, was Dich an Deiner derzeitigen Lebenssituation im privaten Bereich stört (lasse Dir danach viel Platz frei). B. Schreibe Dir alles auf, was Dich an Deiner derzeitigen Lebenssituation im Beruf negativ berührt (lasse Dir danach viel Platz frei). C. Schreibe Dir alles auf, was Dich derzeitig in/bei Deiner Freizeitgestaltung, einschließlich Urlaub, stört (lasse Dir danach viel Platz frei). Nun kannst Du, jeweils im Falle von A, B und C, unter diesem Hauptpunkt einen Unterpunkt bilden zum Beispiel:

A1 = schreibe alles auf, was Du , Punkt für Punkt, von A verbessern kannst und wie Du dies tun willst.
Verfahre anschließend ebenso mit B und C.

Auf diese Art und Weise kannst Du das weniger Gute gegen etwas Besseres austauschen. Mit Reiki können wir ebenfalls eine Art von Transformation bewirken. Wenn Du beispielsweise von etwas negativ emotional berührt wirst, gib Dir Reiki! Du kämpfst also nicht gegen das Ungewollte – sondern leitest Reiki in Dich selbst beziehungsweise in eine Situation –, um so das eine gegen das andere auszutauschen!

Mögen Dir alle Deine Übungen bestens gelingen, so daß Du wirklich Dein Leben in Harmonie führen kannst!

- Welche Erkenntnisse gewinne ich für mich aus diesem Kapitel?
- Was kann ich davon in meinem Alltag positiv für mich verwenden und umsetzen?
- Wer kann mir dabei helfen?
- Welche anderen Unterstützungen/Hilfsmittel benötige ich?
- Wann will ich mit welchem Thema beginnen?

Hier lassen wir Dir jetzt Platz für Deine ganz persönlichen Notizen. Nimm Dir für Dich selbst Zeit –, und zwar jetzt sofort –, um aufzuschreiben, was Dir ganz spontan einfällt.

Sucht und die Hintergründe

Es gibt Arbeitssucht, Waschsucht, Ordnungssucht, Sauberkeitssucht, Eß-Sucht, Süßigkeitssucht, Zigarettensucht, Alkoholsucht, Medikamentensucht, Drogensucht. Alle diese Worte haben etwas gemeinsames – Sucht. Was steckt in diesem Wort? Sucht – er, sie, sucht. Was wird gesucht? Diese Frage ist schwer pauschal zu beantworten, da wir alle Individuen sind und jeder seine speziellen Wünsche und Bedürfnisse hat. Doch das Thema ist es wert, sich darüber Gedanken zu machen, weil so viele Menschen davon betroffen sind, gerade in unserer heutigen Zeit. Der Arbeits-, Wasch-, Ordnungs- und Sauberkeitssüchtige will mit diesen Zwängen etwas ausfüllen.

Ist es die Leere in seinem Inneren? Beschäftigt er sich zwanghaft, um vor sich selbst davonzulaufen, und weil er nicht hinschauen will? Weil er Angst hat, mit sich alleine zu sein und Angst hat vor der Konfrontation mit sich selbst? Fragen über Fragen! Das zwanghafte Naschen von Süßigkeiten im Übermaß ist auch eine Sucht. Es ist eine Ersatzbefriedigung für etwas, was derjenige nicht hat oder glaubt nicht zu haben. Diese Vorgänge laufen unbewußt ab, deshalb ist es so wichtig, sie einmal zu beleuchten. Das gleiche gilt für Zigaretten und Alkohol. Tief in jedem Menschen steckt der Wunsch nach Liebe und der Wunsch, geliebt zu werden. In erster Linie denken wir hierbei an die Liebe, die uns ein Mensch schenkt. Die Mutter, der Vater, der Freund, die Freundin, der Partner. Unsere Seele hat aber ein noch größeres Verlangen nach Liebe. Es ist die göttliche Liebe, die bedingungslose Liebe, die All-Liebe. Wenn diese tiefen Bedürfnisse nicht gestillt werden, greift der Mensch zu einem Ersatz. Mitunter geht es aber soweit, daß der Suchende medikamentensüchtig oder gar drogensüchtig wird. Unter dieser Sucht leidet nicht nur die körperliche Gesundheit in hohem Maße, sondern auch die Seele des Menschen. Hier hilft dann nur ein Entzug und therapeutische Hilfe mit seelischem Beistand.

Reiki ist diese göttliche Liebe, denn Reiki ist Licht und Liebe, diese universelle Kraft, die alles am Leben erhält. Durch Reiki kannst Du auch lernen, Dich ständig mit dieser göttlichen Kraft zu verbinden. Du kannst immer im Liebesstrom Gottes verweilen. Diese Liebe ist es, die Deiner Seele Nahrung gibt und Deinem Körper und Geist Heilung schenkt. Es gibt eine wunderbare Affirmation, die Du Dir täglich sagen kannst: »Ich bin eins mit der liebenden Kraft, die mich erschaffen hat. Ich bin in Sicherheit und alles ist gut.«

Suchtbewältigung

Es gibt viele Personen, die sich bereits während oder direkt nach dem Reiki-Seminar ersten Grades das Rauchen abgewöhnt haben. Teilnehmer erzählen, daß sie während der Veranstaltung überhaupt kein Verlangen nach einer Zigarette verspürten und daß dieser

Zustand auch noch nach dem Seminar angehalten hat. Somit haben Sie sich auf diese leichte Art ohne Entzugserscheinungen das Rauchen abgewöhnt. Wie ist das zu erklären?

Wenn wir uns erinnern, daß das Rauchen nur eine Ersatzbefriedigung für etwas ist, was wir »nicht« haben, kommen wir der Erklärung schon näher. Ich rauche eine Zigarette oder esse eine Tafel Schokolade oder trinke Alkohol in dem vermeintlichen Glauben, daß ich mir etwas Gutes antun möchte. Nach dem Motto: »Man gönnt sich ja sonst nichts.« Ich meine also, daß ich mir etwas Gutes gönne, mich verwöhne oder mich belohne. Was will ich denn mit dieser Droge kompensieren? – Meinen Mangel an Liebe. Wenn ich aber Reiki habe, kann ich mir immer Liebe geben, soviel Liebe geben wie ich brauche und noch mehr. Ich kann mir soviel Liebe geben, daß ich davon genug habe, um sie auch an andere weitergeben zu können, daß ich diese Liebe verströmen kann, an alle und alles, was Liebe braucht. Ich bin ja nur Heilkanal. Ich kann so viel empfangen, wie ich für mich brauche und ständig weitergeben. Wenn Du jetzt eine Zigarette rauchen möchtest, und Du kennst nun die genauen Hintergründe Deines Wunsches und Deines Handelns, warum gibst Du Dir dann nicht selbst Reiki und gibst Dir damit Liebe. Wenn Du gefunden hast, was Du suchst, brauchst Du keine Droge, die Dich nur abhängig macht, sondern Du kannst den tiefen Wunsch Deiner Seele nach der göttlichen Liebe befriedigen. Hilfreich zum Abgewöhnen einer Sucht ist auch mit dem zweiten Grad Reiki zu arbeiten. Schicke Dir die mentale Botschaft: »du bist frei!« oder »du hast die Willenskraft, frei zu werden« oder »du liebst und du wirst geliebt.« Vielleicht fällt Dir eine spezielle Botschaft ein, die ganz Deinen persönlichen Bedürfnissen entspricht. Gebe Dir in der Zeit des Abgewöhnens selbst sehr viel Reiki und damit sehr viel Liebe. Hilfreich ist es aber auch, sich in dieser Zeit von jemandem Reiki geben zu lassen. Laß Dir immer eine Ganzbehandlung geben. Spezielle Positionen bei der Raucherentwöhnung sind die Bronchien auf der Körpervorderseite, der Lungenbereich auf dem Rücken und die Leber, Körpervorderseite rechts. Dies unterstützt den Körper bei der Entgiftung. Bei Alkoholproblemen bitte verstärkt Leber und Bauchspeicheldrüse behandeln.

Das »Höchste« ist, immer in Liebe und Dankbarkeit zu leben und immer mit dem Liebesstrom Gottes verbunden zu sein. Dann gibt es keine Suche mehr, denn dann bist Du dort angekommen, wohin Deine Seele kommen möchte: »Zu Hause«.

Erfahrungsberichte von Seminarteilnehmern

»Seit ich bei Euch das Reiki-Wochenende in Hanau erleben durfte, bin ich zum Nichtraucher geworden. »Keine Zigarette mehr.« Nicht einmal Verlangen nach einer Zigarette überkommt mich mehr. Welch ein tolles Gefühl.«

⁂

»Deutschnamibische Dampflock hat Betrieb eingestellt! Wir hier in Windhoek hatten das Glück gehabt, daß Edith und Horst ein Seminar abgehalten haben über Reiki. Schon während des Seminars habe ich mir keine Zigarette mehr angezündet. Dank Horst, Reiki und der Unterstützung der Windhoek-Gruppe bin ich seit zwei Monaten »zigarettenfrei«. Mein früherer Konsum war um die sechzig Stück. Auch bin ich vom Raucherhusten befreit. Ich kann jedem nur Reiki empfehlen, wenn er sich vom Laster des Rauchens ohne Nebeneffekte befreien will.«

Reiki in der Partnerschaft

Oft sind es gerade die Frauen, die eher aufgeschlossen sind als Männer, Reiki zu erlernen. Bei unseren Seminarteilnehmern ist das Verhältnis zirka 80% Frauen zu 20% Männer durchweg die Regel. Immer wieder fragen wir uns, welchen Grund es wohl dafür gibt. Sind Frauen von Natur aus neugieriger? Frauen leben mehr ihre emotionale Seite aus, handeln aus ihrer rechten Hirnhälfte und fühlen sich dadurch zu Reiki und artverwandten Methoden mehr hingezogen. Männer handeln mehr aus ihrer linken Hirnhälfte, aus ihrem Verstand heraus und finden dadurch nicht so leicht den Weg zu Reiki. Nach dem Motto: »Was ich nicht sehe, existiert nicht.«

So manche Frau ist nach dem Reiki-Seminar erst einmal enttäuscht, daß ihr Partner sich ganz und gar nicht für Reiki interessiert. Sie möchte ihm gerne Reiki geben und er lehnt es ab, vielleicht noch mit einer spöttischen Bemerkung. Wir machen während des Seminares unsere Teilnehmer immer darauf aufmerksam, Personen, die keine Reiki-Behandlung möchten, nicht zu überreden. Aber es fällt oft schwer, nicht helfen zu dürfen, wenn der andere leidet. So die Aussage einer Teilnehmerin: »Mein Mann, mit dem ehemals zertrümmerten Bein, hat zur Zeit große Schmerzen, aber er läßt sich nicht auf eine Behandlung ein. Für ihn ist alles Hokuspokus.«

Eine andere Seminarteilnehmerin berichtet: »Jetzt möchte ich die Gelegenheit wahrnehmen und Euch sagen, wie froh ich bin, daß ich Reiki I und II gemacht habe, und daß ich beides bei Euch machen durfte. Vielen Dank Euch beiden. Mein Lebenspartner teilt leider nicht meine Interessen und konnte sich auch nicht vorstellen, daß Reiki hilft. Aber jetzt fragt er immer, wenn es ihm nicht gut geht oder er Kopfschmerzen hat, ob ich ihm Reiki geben kann. Reiki hat ihn doch überzeugt. Es wäre jetzt sehr schön, wenn er sich entschließen könnte, auch an einer Einführung in Reiki teilzunehmen.«

Oft ist es natürlich so, daß sich die anfängliche Skepsis des Partners Reiki gegenüber nach einiger Zeit legt. Dem Mann bleibt nicht verborgen, wie sich seine Frau durch Reiki positiv verändert hat, sofern sie auch regelmäßig damit umgeht und sich selbst viel Reiki gibt. Wie kann so eine Veränderung aussehen? Die Ausstrahlung ist viel größer geworden, seine Frau ist nicht mehr so anfällig für Unpäßlichkeiten, der Gesundheitszustand ist stabiler. Sie ist zufriedener, ausgeglichener und harmonischer geworden. Dies überzeugt mehr als Worte. Die Skepsis schmilzt dahin wie Butter in der Sonne. Der Partner ist bereit, sich endlich auf eine Liege zu legen und sich Reiki geben zu lassen. Manchmal ist diese Bereitschaft aber auch erst dann gegeben, wenn es dem Partner einmal wirklich schlecht geht.

Nachdem nun der Partner bereit ist, Reiki anzunehmen, stellen sich viele Frauen bei der ersten Behandlung selbst unter Erfolgszwang. Sie wollen nun unbedingt beweisen, daß Reiki auch wirkt. Reiki kann man nicht erzwingen. Reiki braucht man nicht zu beweisen. Reiki ist da und fließt immer, wenn Du bereit bist, Dich als Heilkanal zur Verfügung zu stellen. Also ganz locker und entspannt sein und Vertrauen in die Kraft haben. Reiki fließt dorthin, wo es gebraucht wird, und es geschieht immer das, was geschehen soll und darf. Mit unserem menschlichen Wollen können wir nichts erreichen. Reiki läßt sich nicht beeinflussen.

Einem geliebten Menschen Reiki geben zu dürfen, ist immer ein Geschenk. Der Gebende kann diese Behandlung ganz tief erleben und sich seinem Partner sehr nahe fühlen. Reiki ist die reine, bedingungslose Liebe und es ist wunderbar, diese Liebe weitergeben zu dürfen. Du kannst dabei ganz tiefe Gefühle der Liebe zu Deinem Partner empfinden und tiefe Dankbarkeit gegenüber der Quelle, aus der Reiki kommt. Reiki kann die Liebe in einer Partnerschaft vertiefen und auf eine höhere Ebene führen, wenn beide Partner bereit sind, sich ganz zu öffnen und diese Liebe anzunehmen. Ideal ist es, wenn der Partner nun auch Reiki erlernt. Dann können sich beide immer gegenseitig Reiki geben. Denn gerade in der Partnerschaft ist der Ausgleich zwischen Geben und Empfangen äußerst wichtig. Außerdem können dadurch gesundheitliche Probleme leichter behoben werden oder gar nicht erst aufkommen.

In einer Partnerschaft, in der einiges nicht mehr stimmt, kann Reiki unter Umständen zuerst einmal zu einer Krise führen; denn Reiki bringt absolute Klarheit. Mit Reiki kann man nicht mehr mit einer Lüge leben. Diese Erkenntnis wurde uns schon sehr oft im positiven Sinne mitgeteilt. Viel schlimmer ist es doch, wenn man sich gegenseitig etwas vormacht und persönliche Prozesse über Jahre hinweg verschleppt und sich jeder dabei unendliches Leid zufügt. Mit Reiki kommt man in eine andere Bewußtseinsebene, denn es wirkt ja nicht nur auf den Körper, sondern auch im geistigen und seelischen Bereich. Und genau hier ist der Punkt, für eine Chance umzudenken und anders zu handeln als in vielen anderen Partnerschaften, die im eigentlichen Sinne keine richtigen mehr sind.

Beneidenswert sind alle Paare, die zusammen ein Reiki-Seminar besuchen und gemeinsam Reiki lernen und empfangen. Dieses Erlebnis und die kommenden Erfahrungen mit Reiki verbindet beide sehr intensiv. Es ist ein großer Schritt auf dem Weg zu einem persönlichen und spirituellen Wachstum. Beide können diesen Weg gemeinsam in Liebe und tiefem Verständnis füreinander gehen.

Wie kann man sich vor negativen Nachrichten schützen

Die Medien tragen die Greuel in unsere Wohnstuben. Niemand bleibt davon verschont, es sei denn , wir verschließen uns vor allem. Aber das ist fast unmöglich. Irgendwie erreicht uns dann doch die eine oder andere Nachricht über Kriege, Unruheherde und Katastrophen auf dieser Erde. Die Welt scheint in Aufruhr zu sein. Wir sind erschüttert und wissen doch nicht, was wir tun können. Viele Menschen fühlen eine Ohnmacht angesichts solcher Ereignisse. Viele wünschen sich nichts sehnlicher als Weltfrieden, aber was kann ich als einzelner denn tun? Wir können mit Reiki etwas tun, doch darüber ausführlich im Kapitel: »Mein Beitrag zum Weltfrieden.«

Wollen wir uns einmal vergegenwärtigen, was in Millionen von Haushalten geschieht, wenn Abend für Abend durch den Fernseher während der Nachrichten oder der aktuellen Berichterstattungen die Ereignisse auf uns einstürmen. Mit diesen negativen Berichten bekommen wir auch die negative Energie dieser Ereignisse mitgeliefert. Direkt ins Wohnzimmer! Oder ins Schlafzimmer, je nachdem, wo der Fernseher steht. Manche Menschen nehmen dann gerade ihr Abendessen ein – während der Nachrichten! Davon ist dringend abzuraten. Denn beim Essen werden negative Schwingungen direkt mitaufgenommen. Eine weitere schlechte Angewohnheit ist es, beim Frühstück die Zeitung zu lesen, weil dann die vielen schlechten Nachrichten gleichzeitig mit dem Frühstück eingenommen werden.

Da wir heute durch die Medien mit allen Teilen der Welt verbunden sind, erfahren wir alles, egal, wo es passiert. Viele Menschen leiden unter dieser Informationsflut negativer Ereignisse. Sie bekommen Ängste, werden aggressiv und geraten in völlige Disharmonie. Nun sind Tür und Tor für Krankheiten geöffnet, denn ein disharmonischer Mensch ist anfälliger als ein Mensch in völliger Harmonie.

Wie kann man sich vor all diesen negativen Ereignissen schützen? Du bist zwar geschützt durch die vier Einweihungen in Reiki. Aber bei solch einem Ansturm negativer Energie ist es ratsam, zusätzlich immer beide Hände auf den Solarplexus zu legen (siehe Abbildung 12). Der Solarplexus ist ein Nervengeflecht und liegt oberhalb des Nabels in der Magengrube. Hier ist auch unser drittes Chakra. Wir nehmen mit dem Solarplexus-Chakra direkt die Schwingung wahr und reagieren dann entsprechend auf diese Schwingungsqualität. Werden wir mit negativen Energien und Schwingungen konfrontiert, so zieht sich das dritte Chakra unwillkürlich zusammen. Der Volksmund sagt zu Recht: »Das ist mir auf den Magen geschlagen«, weil die Person spürt, wie sich in diesem Bereich alles verkrampft. Um uns vor negativen Schwingungen zu schützen, legen wir beide Hände auf den Nabelbereich und geben uns selbst Reiki. Du kannst Dich auch schützen, indem Du das Reiki-Kraftsymbol zwischen Dich und den Fernseher zeichnest, quasi als Schutzschild, oder Dich in das Kraftsymbol einhüllst. Wenn der Fernseher lange eingeschaltet war, empfehlen wir dringend, hinterher mit dem zweiten Grad von Reiki eine Raumreinigung vorzunehmen. Doch auch mit dem ersten Grad Reiki kannst Du schon sehr viel für Dich tun. Menschen, die sich selbst regelmäßig Reiki geben und energetisch aufgeladen sind, sind viel harmonischer und geraten durch Ereignisse von außen nicht so leicht aus dem Gleichgewicht.

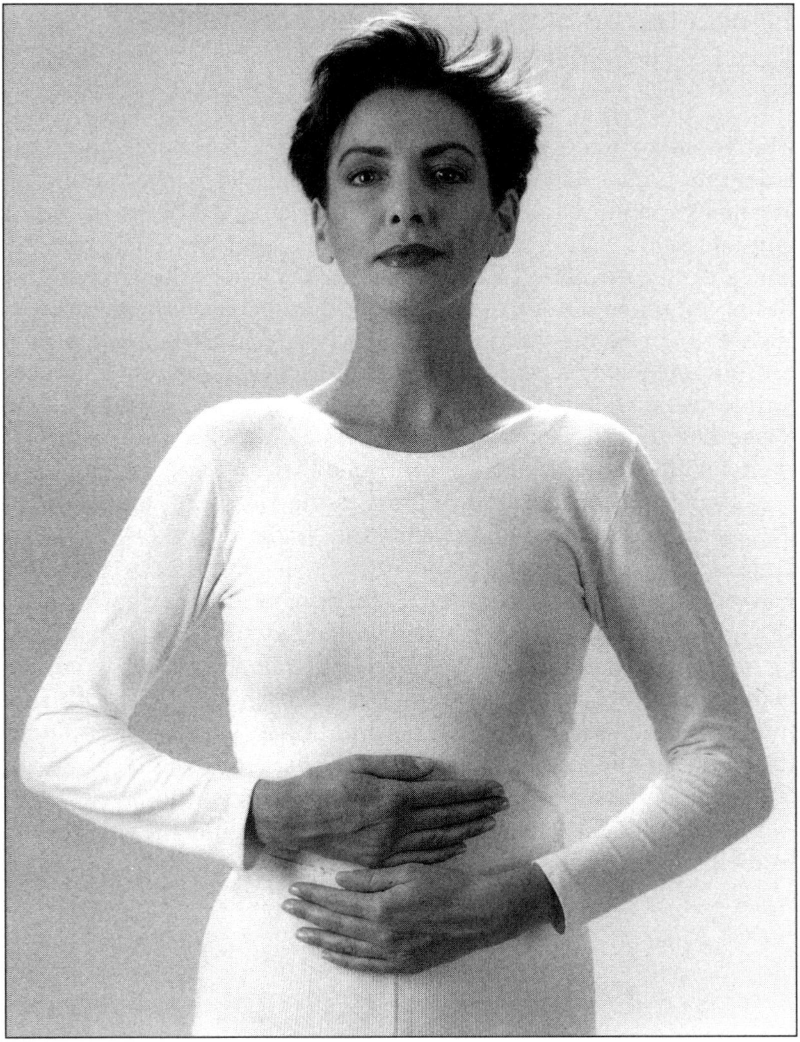

Abb. 12
Schutz-Position: Eine Hand oberhalb und die andere unterhalb des Nabels legen.

Energetische Schutz- und Aufladeübung: Der Lichtstrahl

Zusätzlich zu Reiki gibt es eine wirkungsvolle Schutz- und Aufladeübung, die Reiki wunderbar ergänzt. Der Lichtstrahl oder »beam« genannt. Diese Übung dauert zirka eine Minute, und wir empfehlen Dir, sie jeden Morgen zu machen, um Dich für den ganzen Tag zu schützen und aufzuladen. Du kannst diese Übung im Raum mit Blickrichtung zum Fenster oder noch besser im Freien in Richtung zur Sonne machen. Stelle Dich so, daß Du bequem stehst, die Füße ein wenig auseinander in einer leichten Grätsche, damit Du sicher stehst und einen guten Bodenkontakt hast. Strecke Deine Arme halbschräg nach oben aus, so daß sie trichterförmig ausgebreitet sind (siehe Abbildung 13). Stelle Dir nun vor, wie das Licht von oben in Dich einströmt. Zuerst in die Hände, in die Arme, in den Kopf, in den Hals, in die Schultern, in den Oberkörper, in den Unterleib, in die Beine bis in die Füße. Stelle Dir nun vor, wie Dein ganzer Körper völlig von diesem Licht durchströmt und durchflutet ist. Spüre diesem Gefühl nach und sei Dir bewußt, daß Du jetzt völlig in Licht gehüllt bist. Danach strecke Deine Arme nach oben, die Handflächen zeigen zueinander. Der nächste Schritt ist: Schließe nun einen Lichtkreis um Dich herum, indem Du die Handinnenflächen nach außen wendest und dann ganz langsam die gestreckten Arme seitlich am Körper von oben nach unten führst.

Diese Übung ist sehr wirkungsvoll und Du kannst sie bei Bedarf beliebig oft wiederholen.

Abb. 13
Energetische Schutz- und Aufladeübung: Der Lichtstrahl.

Reiki leben

Wer Reiki in sein Leben integriert, wird feststellen, daß Reiki viel mehr ist als nur »Händeauflegen«, viel mehr als eine Technik, Therapie, Heilmethode oder Fitneßübung. Er wird Reiki leben. Reiki wird sein Leben verändern, weil sich sein Bewußtsein verändert. Auch die Sichtweise zu vielen Dingen wird anders. Und vieles bekommt einen neuen Stellenwert. Dinge, die vorher wichtig waren, verlieren auf einmal an Wertigkeit. Dafür gewinnen plötzlich andere Themen an Bedeutung. Es werden neue Prioritäten gesetzt. Wie ist so etwas nur möglich? Wenn wir uns erinnern, was Reiki wirklich ist, wird das leichter zu verstehen sein.

Reiki ist universelle Lebensenergie, kosmische Kraft, es ist die Liebe, die bedingungslose Liebe. Wenn ich immer in dieser Liebe lebe und mit ihr verbunden bin, lebe ich im Einklang. Im Einklang mit der Natur, den Menschen, im Einklang mit allem, im Einklang mit Gott. Das ist der Weg zur Einheit, das höchste Ziel, das wir in diesem Leben erreichen können. Wenn ich in dieser Einheit lebe, kann ich nicht mehr nur für mich denken und meine persönlichen Wünsche durchsetzen, auf Kosten anderer. Ich fühle mich mit allem verbunden, alle sind meine Mitgeschöpfe, auch Tiere und Pflanzen. Ich kann mich mit einer Blume verbinden und mit ihr eins werden. Ich kann mich mit einem Berg verbinden und mit ihm eins werden. Ich bin nie allein! Diese tiefen Erfahrungen können mein Leben so bereichern, daß ich dafür tiefe Dankbarkeit empfinden kann.

Wie kann ich Reiki in meinen Alltag integrieren? Indem ich schon morgens damit beginne. Als erstes bitte ich darum, daß ich heute Heilkanal sein möchte für mich und andere den ganzen Tag lang. Somit verbinde ich mich schon am Beginn des Tages mit der göttlichen Kraft, die mich begleitet und bei allem unterstützt. Ich kann mir schon morgens im Bett Reiki geben oder den Chakra-Ausgleich machen. So gut mit Energie aufgeladen, kann der Tag beginnen. Das Wichtigste dabei ist, ich bin mit der göttlichen Kraft verbunden und das so lange, wie ich es möchte. Wenn ich will, mein ganzes Leben lang, jede Sekunde, jeden Tag, immer. Alles ist gut in meiner Welt, solange ich im Segensstrom Gottes verweile. Dies bewirkt auch, daß ich in mir ruhe, in meiner Mitte bin. Dadurch kann ich auch unangenehme Ereignisse, Probleme besser verkraften und handhaben. Ich handle bei vielem aus meiner Mitte, aus meiner Stärke heraus. Ich werde mehr Verständnis für andere Menschen und ihre Handlungsweise aufbringen und mich weniger über sie ärgern. Selbst Tiefschläge des Lebens werde ich besser verkraften. Ja sogar dankbar sein für die daraus gewonnenen Lehren.

Das Leben ist eine Berg- und Talfahrt. Es besteht aus Höhen und Tiefen. Reiki kann uns helfen, aus einem Tief schneller herauszukommen und Lebenskrisen besser zu meistern. Auch bei Verlust eines geliebten Menschen hilft uns Reiki bei der Trauerbewältigung. In diesen sehr schwierigen Lebensphasen, ist es ratsam, sich besonders viel Reiki zu geben oder sich von jemandem Reiki geben zu lassen, damit der Körper in seiner Kraft bleibt. Auch hier mit mentalen Botschaften arbeiten und sich immer wieder mit der göttlichen Kraft verbinden. Menschen, die diesen Anschluß an die göttliche Verbindung verlieren, werden depressiv oder krank. Die Seele drückt ihr Verlangen nach dieser Liebe aus, sie schreit nach Liebe, falls der Mensch nicht darauf hört, wird er krank.

Wenn wir aber einmal diese Harmonie und den inneren Frieden gefunden haben, werden wir auch aus einer schwierigen Lebensphase sogar gestärkt hervorgehen.

Das Größte ist die Liebe

Ein Brief des Hl. Paulus an die Korinther:

1. Wenn ich mit den Zungen der Menschen und der Engel rede, doch Liebe nicht habe, bin ich ein tönendes Metall oder eine klingende Schelle.
2. Und wenn ich Prophetengabe besitze und um alle Geheimnisse weiß und alle Erkenntnis, und wenn ich allen Glauben habe, daß ich Berge versetze, doch Liebe nicht habe, so bin ich nichts.

3. Und wenn ich alle meine Habe austeile (zur Speise für die Armen), und wenn ich meinen Leib hingebe zum Verbrennen, doch Liebe nicht habe, nützt es mir nichts.
4. Die Liebe übt Nachsicht; in Güte handelt die Liebe. Sie eifert nicht; die Liebe macht sich nicht groß, sie bläht sich nicht auf.
5. Sie benimmt sich nicht ungehörig; sie sucht nicht das Ihre; sie läßt sich nicht erbittern; sie rechnet das Böse nicht an.
6. Sie hat nicht Freude am Unrecht, freut sich jedoch an der Wahrheit.
7. Sie erträgt alles, sie glaubt alles, sie hofft alles, sie duldet alles.
8. Die Liebe hört niemals auf. Ob Prophetengaben, sie gehen zu Ende; ob Reden in Zungen, sie werden aufhören, ob Erkenntnis, sie nimmt ein Ende.
9. Denn Stückwerk ist unser Erkennen und Stückwerk unser prophetisches Reden.
10. Kommt aber die Vollendung, wird das Stückwerk abgetan werden.
11. Als ich noch ein Kind war, redete ich wie ein Kind, dachte ich wie ein Kind, überlegte wie ein Kind; da ich aber Mann geworden, legte ich die Art des Kindes ab.
12. Denn jetzt schauen wir durch einen Spiegel im unklaren Bild, dann aber von Angesicht zu Angesicht. Jetzt erkenne ich stückweise; dann aber werde ich erkennen, so wie auch ich erkannt bin.
13. Jetzt bleiben Glaube, Hoffnung, Liebe, diese drei: das Größte von ihnen ist die Liebe.

1. Korinther 13,1–13

Gedanken zum Frieden

Die Welt braucht Frieden

السلام □ МИР □ שלום □ PACE □ 平和 □ PEACE □ शांति
PAIX □ 和平 □ PAX □ FRIEDE □ EIPHNH □ VREDE □ PAZ

Frieden – was ist Frieden? Frieden ist nicht nur das Gegenteil von Krieg. Frieden fängt bei Dir an, bei jedem einzelnen.

Wenn wir das Wort Frieden hören, denken wir in erster Linie an den Weltfrieden. Wir sind erschüttert über die vielen Kriege und Unruheherde auf der ganzen Welt. Wir wünschen uns Frieden auf der Erde.

»Ich kann nicht Frieden machen
auf der ganzen Welt.
Aber ich kann dafür sorgen,
daß in mir selber Frieden ist.
Und ihn weitergeben,
an meine Kinder,
an meine Eltern,
an die Menschen,
mit denen ich arbeite,
an die, welche ich treffe –
zufällig oder nicht zufällig.
Das ist meine Möglichkeit,
Frieden auf dieser Welt zu machen.
Nicht mehr und nicht weniger.«

Denke friedliche Gedanken, versöhne Dich! Wieso? Mit wem denn? Vielleicht mit Deinem Partner, Deinem Vater, Deiner Mutter, Deiner Tochter, Deinem Sohn oder einem Verwandten, mit Deinem Nachbarn, Deinem Kollegen oder mit Deinem Chef oder … Vielleicht kannst Du jemandem verzeihen? Vergebung ist der erste Schritt zum Frieden. Wie kann Frieden in der Welt herrschen, wenn nicht jeder bei sich anfängt.

Frieden in **meinem** Herzen,
Frieden in **meiner** Familie,
Frieden in **meiner** Gemeinde,
Frieden in **meinem** Dorf,
Frieden in **meiner** Stadt,
Frieden in **meinem** Land,
Frieden in **allen** Ländern,
Frieden auf der **ganzen** Erde!

Wenn wir mit jemandem in Konflikt leben, dann ist das eine Belastung für beide Beteiligten. Oft ist der Auslöser die Sache nicht wert. Zwei verschiedene Standpunkte, die nicht zu einer Einigung führen. Vielleicht ein paar unbedachte Worte, die Dich oder den anderen verletzt haben, und schon ist der Konflikt da. Oft sind die Fronten so verhärtet, daß eine Annäherung schier unmöglich scheint. Der Zustand bleibt bestehen, vielleicht über eine lange Zeit oder sogar über Jahre. Wenn der andere plötzlich stirbt, ohne daß vorher eine Versöhnung erfolgt ist, kommt die Reue zu spät. Die berühmte Schweizer Sterbeforscherin Dr. Elisabeth Kübler-Ross nennt diesen Zustand »unerledigte Geschäfte«. Sie ruft auf »Versöhne Dich mit Deiner Schwiegermutter, mit Deinem Vater, mit Deiner Mutter, etc.«. Damit will sie sagen, daß das Leid unendlich groß ist, wenn wir mit unserer Versöhnung zu spät kommen. Dann haben wir Schuldgefühle und sind verzweifelt.

Den ersten Schritt zur Versöhnung zu tun , ist sicher nicht leicht. Jeder denkt, der andere könnte den ersten Schritt tun und leidet weiter. Diese seelische Belastung kann auch ganz unterschwellig und unbewußt ablaufen. Aber sie kann zu einem solchen Druck führen, daß körperliche Symptome auftauchen, zum Beispiel Schmerzen, ja es können sogar regelrechte Krankheiten entstehen. Diese sind medizinisch nicht erklärbar, aber sie sind vorhanden und werden dann irgendwie therapiert. Meist ohne Erfolg, weil die Ursache nicht beseitigt wurde.

Hierzu ein authentisches Beispiel: S., eine Frau von 44 Jahren, hatte Unstimmigkeiten mit ihrer Schwiegermutter, aus nichtigem Anlaß, die sich schon mehrere Monate hinzogen. Es herrschte Eiseskälte zwischen ihnen, und keine machte den ersten Schritt zur Versöhnung. Die Frau bekam in dieser Zeit sehr starke Ischiasbeschwerden, die ihr das Leben zur Hölle machten. Diese Schmerzen hielten allen durchgeführten Therapien stand. Maßnahmen beim Orthopäden, beim Heilpraktiker und Reikibehandlungen brachten keine Linderung, im Gegenteil, teilweise wurden die Schmerzen dadurch noch schlimmer. Eines Tages waren die Schmerzen plötzlich weg. S. war froh und glaubte, eine dieser Therapien habe letztendlich doch geholfen. Ein paar Tage später hörte sie eine Kassette von Elisabeth Kübler-Ross. Diese sagte unter anderem: »Versöhne Dich mit Deiner Schwiegermutter.« In diesem Moment war S. plötzlich klar, was der Auslöser dieser Rückenschmerzen war, und warum sie praktisch von einem Tag auf den anderen wieder gesund war. Sie hatte sich am Sonntag zuvor mit ihrer Schwiegermutter versöhnt. Sie spürte keinen Groll mehr und fühlte, wie die Energie zwischen ihr und der Schwiegermutter wieder frei fließen konnte, wie früher. Ihre Schwiegermutter hatte vor diesem Tag ebenfalls eine ganze Woche lang Ischiasbeschwerden gehabt. Duplizität der Ereignisse? »Welch ein Zufall!« Zwei Tage später waren bei S. die Schmerzen weg. Sie erkannte jedoch immer noch nicht diese Zusammenhänge. Erst als sie den Hinweis durch die Kassette bekam »fiel der Groschen«, und sie erkannte die Ursache ihres Leidens. Das war für sie ein ganz wichtiges Schlüsselerlebnis und sie war im nachhinein dankbar für diese wichtige Erfahrung.

Was lernen wir daraus? Wenn wir mit unseren Mitmenschen nicht in Frieden leben, sind wir in Disharmonie, sind unglücklich und können in letzter Konsequenz sogar krank werden. Schließe Frieden, tue den ersten Schritt! Reiki kann Dir dabei helfen. Gib Dir Reiki, damit Du in Harmonie kommst. In dieser Schwingung stelle Dir nun vor, wie Du mit dem anderen Frieden schließt, was Du ihm sagen willst. Schicke ihm liebevolle Gedanken. Bete um die Unterstützung und Kraft, die Du dafür brauchst. Male es Dir in allen Einzelheiten aus, wie es sein wird, was Du sagst. Du kommst dadurch in die Liebesschwingung, die Deine Bereitschaft, den ersten Schritt zu tun, unterstützt. Stelle Dir vor, wie Du denjenigen umarmst, und ihr oder ihm sagst: »Wollen wir uns wieder vertragen?«

Eine wunderbare Unterstützung bei der Verbesserung von Beziehungen und zur Versöhnung mit Mitmenschen ist die Rosenmeditation. Sie hilft das Herzchakra zu öffnen. Das Herzchakra steht für die Liebe, die bedingungslose Liebe, die All-Liebe. Wenn das Herzchakra aktiviert ist, kann die Liebes-Schwingung frei fließen. Hellsichtige Menschen können die Farben der Chakren sehen. Das Herzchakra ist zuerst grün, wenn es sich voll entfaltet hat, ist es rosa. Deshalb kann die Farbe rosa das Herzchakra unterstützen.

Bei der Rosenmeditation stellen wir uns eine rosafarbene Rose vor. Diese wird im Laufe der Meditation vergrößert, so daß zwei oder mehr Personen im Blütenkelch der Rose Platz haben. Du kannst Dich in die Rose begeben und eine andere Person mit hineinnehmen. Dies bewirkt, daß das Herzchakra aktiviert wird, so daß die Liebesschwingung jetzt frei fließen kann. Die Beziehung zur anderen Person kann dadurch verbessert werden und ebenso die Bereitschaft zur Versöhnung.

Die Rosenmeditation

Stelle Dir eine Rosenknospe vor. Sie ist noch sehr klein und hat die Farbe grün. Nun öffnet sich die Knospe langsam, und Du erkennst die Blütenblätter. Die Blütenblätter sind ganz zart und haben die Farbe rosa. Die Blüte öffnet sich immer mehr, und sie verströmt einen wunderbaren Duft. Du erfreust Dich an dem Anblick dieser wunderschönen rosafarbenen Rose und Du genießt ihren Duft. Nun stelle Dir vor, wie die Blüte dieser Rose vor Deinen Augen immer größer und größer wird, bis sie die richtige Größe hat, um Dich und eine andere Person in sich aufzunehmen. Du steigst in die Blüte dieser wunderschönen rosa Rose hinein. Es ist sehr schön in der Rose und Du fühlst Dich unglaublich wohl. Die Farbe rosa tut Dir so gut.

Nun kommt der Augenblick, in dem Du eine andere Person mit in die Rose hineinnehmen möchtest. Es kann jemand sein, mit dem Du Dich versöhnen willst oder jemand, den Du gerne bei Dir haben möchtest. Stelle Dir nun diese Person vor, wie sie bei Dir in der Rose ist. Begrüße sie. Bleibe nun für einige Minuten mit dieser Person in der Rose. Du kannst sie an den Händen fassen, umarmen, und Dich mit ihr aussprechen. Du kannst ihr alles sagen, was Du schon lange einmal sagen wolltest. Vielleicht sagst Du: »Ich liebe Dich!« oder »Verzeih mir!« oder …

Nun kommt der Augenblick, an dem Ihr Euch voneinander verabschiedet, und Ihr verlaßt nun die Rose. Bedanke Dich bei der Rose für alles, was Du in ihr erleben durftest. Nun stelle Dir vor, wie die Rosenblüte sich ganz behutsam verkleinert, bis sie wieder ihre ursprüngliche Größe hat. Dann entschwindet sie langsam Deinen Blicken.

Mein innerer Friede

Wenn viele Menschen schon nicht mit ihren Mitmenschen in Frieden leben können, wie viel schwerer ist es, mit sich in Frieden zu leben. Viele Menschen sind innerlich zerrissen und unzufrieden mit sich selbst. Sie können sich selbst nicht lieben. Sie hassen sich, sie verachten sich, sie haben Schuldgefühle. Sie können sich nicht vergeben.

Mit Reiki kannst Du lernen, Dich selbst anzunehmen und zu lieben, so wie Du bist. Reiki ist bedingungslose Liebe. Durch diese Selbstannahme und Liebe kommt der innere Friede. Dies kann durch eine Mentalbotschaft noch unterstützt werden. Hier einige Beispiele von Botschaften:

»Du liebst dich selbst.« »Du liebst und du wirst geliebt.«

»Du bist in Frieden und in Harmonie.« »Die göttliche Liebe strömt in dich ein.« »Du denkst liebevolle Gedanken.« »Du bist im Frieden mit dir selbst, allen deinen Mitmenschen und deinem Leben.« »Du vergibst dir selbst.«

Mit Fern-Reiki können wir Raum und Zeit überbrücken. Wir haben die Möglichkeit, Reiki in die Gegenwart, in die Zukunft, aber auch in die Vergangenheit zu schicken. Wenn jemand mit Problemen in der Vergangenheit noch nicht fertig geworden ist, so kann er in diese vergangene Situation Fern-Reiki schicken. Das dient der Vergangenheitsbewältigung und Auflösung von alten Konflikten. Dies ist der Weg zum inneren Frieden. Manche Menschen haben aus Situationen in der Vergangenheit Schuldgefühle entwickelt. Diese Schuldgefühle sind eine schwere Last. Sie können sich nicht verzeihen, in der einen oder anderen Situation in der Vergangenheit nicht richtig gehandelt zu haben und machen sich deshalb ihr ganzes Leben lang Vorwürfe. Sie sehen die Situation aus der heutigen Perspektive und meinen, sie hätten damals anders handeln müssen. Aber: »Hinterher sind wir alle schlauer.« Derjenige sollte sich klarmachen, daß er damals so gehandelt hat, weil er es nicht besser konnte und wußte und noch nicht die Erfahrung und diesen Wissensstand von heute hatte. Um von diesen Schuldgefühlen freizukommen, können wir uns selbst Fern-Reiki in diese vergangene Situation schicken, verbunden mit einer Mentalbotschaft zum Beispiel: »Du läßt los.« »Du bist frei.« »Du vergibst dir selbst und anderen.«

Innerer Friede bedeutet wahres Glück. Menschen, die diesen inneren Frieden gefunden haben und leben, haben eine positive Ausstrahlung. In ihrer Nähe fühlen wir uns wohl. Dieser Friede überträgt sich auch auf die Menschen in ihrer Umgebung. Der innere Frieden bringt auch Frieden nach außen.

Mein Beitrag zum Weltfrieden

Wir wünschen uns alle Frieden auf der Erde. Doch angesichts der Ereignisse in dieser Welt, fühlen wir uns hilflos. Viele denken, was kann ich als einzelner tun und fühlen sich ohnmächtig. Wir können sehr viel tun, wir brauchen nicht tatenlos zuzusehen. Wir können **unseren** Beitrag zum Weltfrieden leisten: Bete täglich für den Frieden. Stelle Dir vor, wie die Menschen aller Nationen und aller Rassen sich liebevoll die Hände reichen und eine Menschenkette rund um den Erdball bilden.

Mit Hilfe des zweiten Grades Reiki kannst Du der Erde Heilung schicken. Bitte zuerst um Frieden und Heilung für die Erde, dann schicke Fern-Reiki und stelle Dir die Erdkugel zwischen Deinen Händen vor. Wenn viele Menschen etwas für den Frieden tun, kann auch viel erreicht werden mit der Kraft des Gebetes und der Gedanken.

Oder halte eine Friedensmeditation ab. Zum Beispiel: »Ich bitte um den Frieden für (nenne ein Land), ich bitte um den Frieden für (nenne ein anderes Land)«, wiederhole diesen Satz beliebig oft, bis Du alle Länder genannt hast, die Frieden am nötigsten brauchen.

Du kannst auch in einer Gruppe für den Frieden meditieren oder zu festgelegten Zeiten, an denen viele Menschen sich auf der ganzen Welt beteiligen.

Friedensaktivitäten

PEACE 21st
Friedensmeditation immer am 21. 3., 21. 6., 21. 9., 21. 12., 19 Uhr Ortszeit.
Weltheilungs-Meditation am letzten Tag eines jeden Monats und am 31. 12. um 13 Uhr Ortszeit.
Heilen der Erde mit Reiki:
Jeden Sonntag von 18 bis 18.15 Uhr Ortszeit.
Meditation für den Frieden:
Jeden Tag 12 Uhr mittags für eine Minute.

Wir danken Dir von ganzem Herzen, wenn auch Du einen Beitrag zum Weltfrieden leistest und wünschen Dir und der Welt **Frieden, peace, paix, pax, pace, Mir, schalom, shanti!**

Der alte Brunnen

Der alte Brunnen spendet leise
sein Wasser täglich gleicherweise.
Ich möchte diesem Brunnen gleichen,
was in mir ist, stets weiterreichen.
Doch geben, geben alle Tage,
sag' Brunnen wird das nicht zur Plage?
Da sagt er mir als Jochgeselle:
»Ich bin ja Brunnen nur – nicht Quelle:
mir fließt es zu – ich geb' es weiter,
das macht mein Dasein froh und heiter.«
So leb' ich nach des Brunnens Weise,
schöpf' täglich Kraft zur Lebensreise
und will – beglückt – stets weitergeben,
was mir die Quelle schenkt zum Leben.

Die Dankbarkeit

Nach der Liebe ist das Wichtigste die Dankbarkeit. Tiefe Dankbarkeit zu empfinden, erzeugt ein wahres Glücksgefühl. Dankbarkeit kommt aus dem Herzen und kann zum wichtigsten Bestandteil des Lebens werden.

Wenn ich mein Leben so gestalte, daß ich Reiki ganz in mein Leben integriere, Reiki lebe, dann bin ich damit im Einklang mit allem, und bin mit der göttlichen Kraft verbunden und eins. Aus diesem tiefen Erleben erwächst die Dankbarkeit. Sie durchdringt alles in meinem Leben. Dankbar wache ich am Morgen auf. Dankerfüllt lege ich mich am Abend schlafen. Ich danke für die Geschenke des Lebens, die kleinen wie die großen. Ich danke für die Fülle des Lebens, für die stillen Momente, für das Lächeln eines Menschen, für die Schönheit der Natur, für die Liebe, für Reiki, für alles. Wenn ich auch dankbar sein kann für die schwierigen Situationen und Momente in meinem Leben, dann habe ich verstanden, was wahre Dankbarkeit ist.

»Dankbarkeit ist nicht wie ein Händeschütteln und Danke-Sagen. Nein, man braucht manchmal Stunden, Tage, Monate, Jahre oder viele Inkarnationen, um wahre Dankbarkeit zu erreichen. Für eine Sekunde Dankbarkeit ist oft jahrelange Vorbereitung nötig. Wenn ich daher sage, Dankbarkeit sei das Schwierigste und das Wichtigste, erinnere Dich, daß ich mich auf diese Art von Dankbarkeit beziehe.«

Sri Chinmoy

Authentische Erfahrungsberichte

Körperlicher Bereich

»Der Monat Januar 1993 war für mich der wohl hoffnungsloseste Monat in meinem Leben. In diesem Monat wurde mir von meinen Ärzten die Hiobsbotschaft eröffnet, daß ich an einer aplastischen Anämie erkrankt war. Einer jener tückischen Arten von Blutarmut, über deren Ursprung und Herkunft, trotz zahlloser Untersuchungen, sich meine Hämatologen keinen Reim machen konnten. Es gibt keine wirksamen, therapeutischen Maßnahmen, um diese Krankheit zu kurieren, lauteten die lapidaren Erklärungen der Schulmediziner.

In zwei- bis dreiwöchigen Zeitabständen erhielt ich Bluttransfusionen, um weiterleben zu können.

Meine Lebensqualität sei wohl eingeschränkt, aber nicht meine Lebensdauer, wurde ich getröstet. So sollte es nun weitergehen bis zum Ende meines Lebens. Mit dieser Perspektive mußte ich zunächst einmal psychisch laufen lernen. Ich habe mich nie aufgegeben und stets daran geglaubt, daß ich wieder ganz gesunde. Und ich habe wieder beten gelernt. Eine Wende trat in mein Leben ein, als ich im Februar/März 1994 eine Kur in der Klinik Hohenleye im Hochsauerland erhielt.

Dort begegnete ich einer wunderbaren, jungen Psychologin, die mich mit Reiki vertraut machte. Frau M. gab mir außerhalb ihres Verantwortungsbereiches fünf Reiki-Kurzbehandlungen, die eine drastische Besserung meines Blutbildes zur Folge hatten. Die dortigen Ärzte standen vor einem Rätsel.

Frau M. war es, die mich inspirierte, an einem Reiki-Seminar teilzunehmen. Durch sie lernte ich meine geliebten Reiki-Lehrer Edith und Horst H. Günther kennen.

Im Monat Juni 1994 belegte ich in Todtmoos ein 8tägiges Reiki-Seminar und Edith und Horst verhalfen mir zu der göttlichen Gabe der heilenden Hände. Dafür möchte ich mich zutiefst bei meinem Herr Gott und bei meinen Reiki-Lehrern bedanken. Mein Dank gilt auch all jenen Reiki-Freunden, die mir an diesen Tagen heilende Energie gaben.

Am 28. Juli 1994 habe ich mich erneut einer Blutkontrolle in der hämatologischen Ambulanz der Universitätsklinik Homburg unterzogen. Seither waren fast 15 Wochen vergangen, daß ich keine Konserven benötigte. (Anmerkung: Das menschliche Blut regeneriert sich alle 12 Wochen.) Meine weißen Blutkörperchen waren auf 4000 angestiegen, der Hämoglobinwert hat sich für meine Verhältnisse auf sensationelle 10.6 erhöht, und meine Thrombozyten waren auf 51.000 angestiegen. Dies war für mich der Hinweis, daß mein Knochenmark wieder selbständig Blutzellen produzierte. Den 28. Juli 1994 habe ich zu meinem 2. Geburtstag erklärt. Ich bin wieder gesund geworden, dank Reiki, der universellen Lebensenergie, dank der unendlichen Liebe, die mir im Haus Lichtquell entgegengebracht wurde.

gez. Jürgen H.

Wie telefonisch vereinbart, übersende ich Dir das Ergebnis meiner jüngsten Blutuntersuchung vom 22.09.94. Für Dich und Deinen Gatten Horst ist es sicherlich von Bedeutung, daß Ihr etwas Authentisches in Händen habt, um zu beweisen, daß nur Reiki mein Blutbild fast normalisiert hat.

Leukozyten = 4.200 sind fast normal; die Grenzwerte bewegen sich zwischen 4.300 bis 10.000. HB steht für Hämoglobin und ist normal mit 12. Die Normalwerte bewegen sich von 12 bis 18.

Meine Thrombozyten sind auf großartige 56.000 angestiegen. Die Normalwerte bewegen sich zwischen 140.000 bis 440.000.

Auf diesem Gebiet muß sich noch einiges verbessern. Ich bin zuversichtlich, daß auch hier die göttliche Lebensenergie mir helfen wird. Ich gebe mir selbst täglich Reiki. Wenn Ihr beide ab und an Fern-Reiki gebt, weiß ich, daß der Liebe Gott an mir ein Wunder vollbracht hat.

Viele liebe Grüße Jürgen

Es ist viel Wasser Saar, Rhein und Mosel herabgeflossen, seitdem wir uns gesehen, gesprochen und geschrieben haben. Aber ich halte

Euch stets in guter Erinnerung und zehre sehr oft von den einzigartigen Tagen, die ich mit Euch und meinen Reiki-Freunden in Todtmoos verbringen durfte. Ich hoffe, daß Ihr beide Euch bester Gesundheit erfreut und vielen Menschen die Kraft der heilenden Hände vermittelt. Reiki ist Dreh- und Ausgangspunkt in meinem Leben geworden. Ich durfte schon vielen Menschen helfen. Ich erfreue mich hervorragender Gesundheit und habe seit langem Blutwerte wie ein Spitzensportler! Ich kann es immer noch nicht fassen, daß diese ans Wunderbare grenzende Energie mich völlig gesund gemacht hat.«

gez. J. H.

❊

»Lieber Horst, danke, daß ich über Dich Reiki empfangen und lernen durfte (ich mußte es leider oder Gott sei Dank drei Tage nach unserem Seminar bei einer schweren Hüftschnittwunde meines Sohnes anwenden – mit Erfolg: das Blut kam nach knapp zwei Minuten zum Stillstand!)«

❊

»Britta und Magda, meinen beiden alten Freundinnen und geistigen Weggefährtinnen geht es im Beruf genauso. Wir müssen einfach zu viel schaffen, so daß uns kaum noch Muße bleibt, die ›Kraft aus der Höhe‹ im Dienst weiterzugeben. Privat tun wir das mit großer Freude! Meine Mama, die durch einen Sturz auf's Steißbein so krank war, daß ich befürchtete, sie würde daran sterben, läuft nach meiner Reiki-Behandlung mit fast 79 Jahren wieder wie ein Wiesel umher. Es gibt selten eine Woche, in der ich nicht mit vier Reiki-Sitzungen beschäftigt bin oder meinen Verwandten und Freunden eine ›Erhaltungsdosis‹ gebe. Und es stimmt wirklich: Reiki wächst mit der Anwendung!«

❊

»Ein Nachbar aus unserem Haus besuchte uns vor Weihnachten und sah unsere Massagebank im Wohnzimmer stehen. Er wollte wissen, wozu wir sie brauchten, so kamen wir dazu, ihm von Reiki zu erzählen. Er hatte den Wunsch, eine Behandlungsserie von vier Sitzungen mitzumachen.

Wie das Schicksal seinen Lauf nimmt, litt die Familie unter einer Magen-Darm-Grippe und hatte Medizin vom Arzt verschrieben bekommen. Zur ersten Behandlung kam die ganze Familie, Vater, Mutter und ihr 10jähriger Sohn.

Zuerst behandelten wir den Vater und die anderen saßen dabei, entspannten sich bei der Reiki Musik und sahen zu. R. behandelte den Kopf und D. den Körper. D. lief der Schweiß am ganzen Körper in Strömen. Unser Nachbar erlebte eine tiefe Entspannung und schlief ein. Nach der Behandlung fühlte er sich wohl.

Der 10jährige Sohn sagte: ›Jetzt will ich‹, und legte sich auf die Reikibank. Er erreichte schnell einen tiefen Entspannungszustand. Als wir fertig waren und er wieder zu sich kam, sagte er: ›Seid ihr schon fertig? Das war toll‹, und er bedankte sich bei uns.

Die Mutter wollte sich nicht behandeln lassen. In den darauffolgenden Tagen kamen Vater und Sohn zu verschiedenen Zeiten und drei weiteren Behandlungen und wurden immer ausgeglichener. Der Sohn hörte am liebsten die OM-Kassette dazu. In dieser Zeit litt die Mutter sehr stark unter der Magen-Darm-Grippe mit Durchfall und Magenkrämpfen und nahm die Medizin vom Arzt. Der Vater hatte noch ein paar Tage Durchfall, aber keine Schmerzen und nahm keine Medizin. Der Sohn merkte nichts mehr von der Grippe und brauchte auch keine Medizin.

Vor den Behandlungen klagte der Nachbar über Schmerzen im linken Knie. Er sagte, darunter leide er schon länger. Als er zur dritten Reikisitzung kam, fragten wir ihn, wie es seinem Knie ging. ›Mein Knie …? Ach, daran habe ich gar nicht mehr gedacht, ich habe zur Zeit keine Schmerzen mehr.‹«

*

»R. leidet schon seit Jahren an Psoriasis mit Eiterblasen am rechten Fuß. Es ist noch nicht ganz ausgeheilt, aber die Entzündung ist zurückgegangen und der Heilungsprozeß ist offensichtlich im Gang.«

❊

»Ich habe durch meinen Arzt von Reiki erfahren. Er legte mir seine Hände auf, und obwohl sie kühl waren, ging davon eine Wärme aus, die in meinem Körper floß. Auf meine Frage, was das wäre, erzählte er mir von der ›universellen Lebensenergie‹, Reiki.«

Während der Behandlung, die sechs Wochen dauerte, kaufte ich mir das Buch ›Reiki-Heile dich selbst‹, weil der Arzt mein Interesse geweckt hatte. Durch seine Hände tanke ich Energie, fühle ich mich wohl.«

❊

»Bei allen meinen Massagebehandlungen wende ich auch Reiki an, und die Menschen empfinden es als sehr wohltuend und ausgleichend und heilend.«

❊

»Reiki hat mir bei einer Grippe vor Weihnachten sehr geholfen; zur Zeit hilft mir Reiki, meine Mutter beim ›Hinübergehen‹ zu begleiten – ich gebe ihr Licht und Loslassen.«

❊

»In der Schulter hatte er die stärksten Schmerzen. Nachdem er bei uns in Frankfurt operiert wurde, war trotz Operation keine gezielte Bewegung möglich. Er blieb bis zu den Schultern gelähmt. Die Ärzte hier und dort geben ihm eine Chance von 3% Besserung. Ich habe immer eine Ganzbehandlung gemacht, allerdings alles von vorne, weil er nur auf dem Rücken liegen kann. Nach drei Tagen bin ich länger am Kopf geblieben.

In dieser ersten Zeit hatte er nicht mehr so starke Schmerzen, und wenn er im Rollstuhl saß, schaffte er es die doppelte Zeit, statt zwei Stunden täglich, vier oder fünf Stunden. Am Kopf hatte er die größte Hitze gespürt, welche seinen Rücken hinunterzog. Ich selbst hatte das Gefühl, daß da Knallerbsen platzten.

Gestern abend hatte ich ein kreisendes Gefühl und plötzlich sagte G., ich solle bitte nach seinen Füßen sehen. Irgend etwas würde da passieren. Er hat die große Fußzehe bewegt. Ganz gezielt, wenn er es wollte. Es ist ein Anfang. Wir haben große Hoffnung, großen Glauben und große Dankbarkeit.«

⁂

»Dabei weiß ich ganz genau, meine Kranken brauchen mehr als Pillen, Spritzen und Infusionen. Sie brauchen viel dringlicher Hilfen, die ihre Heilkräfte entfachen, Unterweisung und Rat, damit es erst gar nicht so schlimm wird und – was mein leidenschaftliches Anliegen ist – umfassende Begleitung während des Sterbens.«

⁂

»Ich hatte schon immer Probleme mit Unterleibsschmerzen. Wenn diese anfingen, war der ›Tag gelaufen‹. Nachdem ich die Reiki-Einweihung erhalten habe, lege ich immer rechtzeitig meine Hände auf den Bauch. Diese Haltung (im Sitzen) bemerken die meisten Leute nicht, ich verspüre eine starke Wärme im Bauch, und der Schmerz löst sich meistens auf. Da ich mir regelmäßig vorbeugend Reiki gebe, kommen nur noch sehr selten die starken Schmerzen.«

⁂

»Es ist immer wieder faszinierend für mich, zu spüren, mit wieviel Wärme und vibrierender Kraft Reiki durch mich fließt. Oft sind meine Hände bis hinauf zu den Ellenbogen davon ergriffen. Oft fängt es an zu strömen, wenn ich nur daran denke, oder wenn es mir irgendwo im Körper weh tut, manchmal einfach nur, wenn ich dasitze und nichts tue. Dann erinnern mich meine Hände daran, daß sie von Nutzen sein möchten!«

❊

»Als ich eines Abends mit meinem Mann zu Bett gehen wollte, machte er eine ›falsche‹ Bewegung und es schoß ihm in den Rücken, so daß er sich kaum noch bewegen konnte. Er quälte sich eine Zeitlang herum und legte sich dann ins Bett. Ich legte eine Hand auf seinen Rücken und bemerkte den starken Reiki-Fluß. Er verspürte, wie er sagte, eine angenehme Wärme. Nach etwa 15–30 Minuten beendete ich. Am nächsten Morgen ging mein Mann aus dem Bett, als wäre nichts geschehen.«

❊

»Ungeschickterweise stieß ich mir meinen Fuß (barfuß) so fest an eine Kante an, daß mein mittlerer Zeh sehr blau und dick wurde. Es tat weh, ihn zu berühren. Ich gab mir Reiki, indem ich die Hand nur leicht über den Zeh hielt, während ich in einem Buch las. Nach drei Tagen war nichts mehr davon zu sehen.«

❊

»Ich bekam Besuch von meiner Schwester. Es war ein sehr heißer Sommertag und ich war überrascht, daß sie in langärmeligen Kleidern und mit Schal um den Hals kam. Nun erklärte sie ihre Haltung, da sie eine Grippe mit starken Halsschmerzen hatte und kaum was schlucken konnte. Ich gab ihr abends eine Reiki-Ganzbehandlung und am nächsten Morgen konnte sie schon wieder normal frühstücken und das fieberige, schlappe Gefühl war weg.«

❊

Aus der Krankengymnastik-Praxis

»Ein junges Mädchen (20 J.) hat große Probleme mit ihrem Blutdruck (viel zu niedrig) und, nachdem sie ca. 4 Jahre lang keine Periode hatte, stellte sich plötzlich eine extrem starke Blutung ein.

1. Behandlung: Krankengymnastik und Chakra-Ausgleich
2. Behandlung: Chakra-Ausgleich und Reiki, Kopf und Vorderseite Rosige Gesichtsfarbe; Blutung normal
3. Behandlung: Chakra-Ausgleich, Reiki, Kopf und Vorderseite und Rücken bis Füße.

Sie fühlt sich pudelwohl; selbst ihr Knie, Meniskus-Entfernung, ist nahezu schmerzfrei bis auf leichtes Druckgefühl unter der Kniescheibe.

Ein »Dauerpatient« (auch Meniskus-Entfernung und vordere Kreuzband-Plastik) war leichtsinnig und ›erkältete‹ sich den Hals, weil er im Durchzug geschlafen hatte. Nach Reiki am Kopf war am nächsten Tag wieder alles in Ordnung. Dummerweise wiederholte er dieses Spiel mit dem Ergebnis, daß er montags wieder mit steifem Hals ankam. Nach Reiki am Kopf war die Halswirbelsäule wieder frei beweglich. Zwei Tage später kam er wieder – ein Handtuch um den Hals gebunden – er hatte geschwitzt und ist bei offenen Fenstern Auto gefahren. Zusätzlich war er von einer Gans verfolgt worden, der rechte Fuß war geschwollen und schmerzte ihn ziemlich. Zuerst bekam er einmal eine Standpauke von mir. (Das geht ja nicht, daß ich immer wieder die Kartoffeln aus der heißen Asche holen soll!?) Doch Reiki hat wieder gewirkt!!

Am nächsten Tag kam er (mit Seidenschal um den Hals!) ohne Schmerzen an; Hals und rechter Fuß waren wieder in Ordung! Das linke Knie, weshalb er eigentlich in Behandlung ist, ist mittlerweile endgradig beweglich! – Wenn da nicht auch Reiki mitbeteiligt war?

Ein anderer Patient war sehr übel dran mit seinem rechten Ellbogen und Hand. Nach einer (alten) Fraktur am Unterarm waren die Bruchteile nicht optimal verheilt, so daß bei bestimmten Bewegungen am Ellbogen der Nerv eingeklemmt wurde, ich weiß nicht warum, aber ich legte meine Hände 15 Minuten lang nur an den Ellbogen. Nach etwa einer Minute begann bei der ersten Reiki-Behandlung die Hand zu zucken, was sich mit der Zeit auf Unterarm und zum Teil bis zum Schultergelenk ausdehnte. Der Patient konnte nicht einmal willentlich das Zucken unterdrücken (sollte er auch nicht!) zwei Tage später hatte er seinen nächsten Termin. Er erzählte, daß er nach der Reiki-Behandlung den ganzen Tag ohne Schmerzen war und daß die Schmerzen nicht mehr so stark sind. Wieder hatte ich nur das Gefühl: bleib am Ellbogen. Diesmal zuckten weniger die Hand und der Unterarm, sondern sehr massiv Oberarm und Schulterblatt (besser kann ich es nicht beschreiben – es war einfach fantastisch!). Montags kam er wieder, unterschrieb nur seinen letzten Termin – er hatte keine Schmerzen mehr!!!«

⁂

»Meine Blutwerte sind spitzenmäßig, und ich fühle mich auch gesund und stark – nicht zuletzt durch das Geschenk der heilenden Hände, das ich mir jeden Tag dankbar mache.«

⁂

»H. und ich behandelten eine Frau mit starken Rückenproblemen. Sie trägt ein Korsett, wir behandeln im Sitzen im Wohnzimmer. Ihre Schwester, die ihr den Haushalt macht, begleitet sie. Sie sitzt etwa eineinhalb Meter weiter ruhig während der Behandlung dabei. Am dritten Tag fragt die Schwester fast ungläubig, ob es angehen kann, daß sie ganz nebenbei mit heil werden könnte? Sie hat seit zwei Jahren sporadisch starke Schmerzen im Bein, das Bein ist dann auch sehr gerötet. So war es wieder in letzter Zeit, und plötzlich ist das Bein normal und die Schmerzen sind weg.

Fazit: Reiki strahlt nicht nur aus den Händen, sondern rundum. Ist jemand offen dafür, kann er diese Strahlung aufnehmen.«

⁂

»Seit dem Seminar, bei dem ich den ersten Kontakt mit Reiki bekam, gab ich meiner Familie und mir täglich Reiki. Bei meinen Eltern stellten sich schon nach der ersten Behandlung Erfolge ein.

Als meine Mutter nun zu Besuch bei Verwandten war, erfuhr sie, daß mein Cousin eine eitrige Zahnentzündung hatte, wobei nicht feststand, ob der Zahnarzt den Eiter ganz entfernt hatte und somit den Zahn erhalten konnte. Am nächsten Tag erzählte sie mir davon und fragte, ob ich nicht Lust hätte, meinen Cousin zu besuchen und ihm gezielt Reiki zu geben. Ich dachte, das ist Bestimmung und fuhr noch am gleichen Tag zu ihm. Nachdem ich ihm und seiner Frau von Reiki erzählt hatte, fragte ich, ob ich ihm auch einmal Reiki geben dürfte. Dazu sei auch noch gesagt, daß, als ich zu meinem Cousin kam, er dasaß mit einer geschwollenen Backe und einem Eisbeutel drauf.

Er sagte mir, daß er es nicht richtig glauben könne, daß einem durch Reiki geholfen würde, aber er war neugierig und stimmte einer Behandlung zu. Danach brauchte er nicht gleich wieder zum Eisbeutel zu greifen, und ich meinte sogar, daß die Schwellung etwas zurückgegangen war. Im allgemeinen empfand er die Behandlung auch als sehr wohltuend.«

☼

»Die Begegnung mit Reiki hat mein Herz tief angerührt. Meine Kopfschmerzen nach dem Schleudertrauma sind verschwunden. Ich fühle mich beschenkt. Ich bin voller Lebensfreude und habe wieder Kontakt zu der Stimme meines Herzens. Ich möchte noch einmal dafür danken, wie Ihr an dem Wochenende auf mich eingegangen seid.«

☼

»Vor genau acht Jahren wurde mir gesagt, ich hätte MS. Mir waren damals Beine und Hände ganz taub und ohne Gefühl. Nach sechswöchiger Bettruhe und mit Cortison-Behandlung wurde das Ganze wieder in Richtung gebracht.

Ganz weg ging es nie. 1985 kam dann der nächste Schub. Bei der Rückenmarkpunktion wurde wieder eine sehr starke Entzündung festgestellt. Durch einen sehr lieben, netten Neurologen wurde ich damals auf die Straße Richtung Edith und Horst gestellt. Er verschrieb mir Entspannungsübungen und autogenes Training. Er riet mir, bewußter, positiv zu leben. Ich ging zu Geistheilern und Heilpraktikern. Teilweise wurde ich sehr enttäuscht, teilweise ging es immer ein Stück aufwärts. Es ging mir besser. Bei einem Meditations-Kurs hatte ich schon mal ein fast ähnliches Erlebnis wie am Sonntag. Es war eine Baum-Meditation und mein Baum hatte keine Wurzeln. Ich will hier und heute meine Eltern nicht schlecht machen, aber es liegt sehr viel an der Erziehung. Wir Kinder bekamen sehr viel Liebe geschenkt, wurden aber ohne Offenheit erzogen. Man sagt nicht, wenn es einem schlecht geht und man zeigt es auch nicht. Heute weiß ich, daß man nicht alles hinnehmen kann und es liebe, nette Menschen gibt, die einem zuhören wollen und können.

Trotzdem ist man immer auf der Hut und ist in seinem Schneckenhaus.

Ich weiß jetzt nach diesem Wochenende noch mehr. Hätte ich zu Euch ein Wort gesagt, wäre es nicht so tief aus mir herausgekommen.

I. hat ohne Warnung während der Reiki-Behandlung meine Beine behandelt und plötzlich ging es in mir los.

In meinem Bauch waren tausend Luftballons, die immer wieder von Nadeln angestochen wurden und dann zerplatzten. Meine Beine waren nicht mehr da, und trotzdem merkte ich die Berührungen unheimlich schwer.

Ich kann es nicht genau beschreiben, aber das Umfeld war weg. Ich war nur noch mit I. und später mit Dir, Horst, ganz allein auf der Welt. Es kommt mir, wenn ich jetzt dran denke, wie eine Ewigkeit vor, bis ich Euch wieder wahrnehmen konnte. Zuerst wurden meine Beine eiskalt und S's Hände waren heiß wie kochendes Wasser, und trotzdem war es angenehm, sie zu spüren. Dann wurde mir ganz warm, und es war ein Gefühl, wie nach einem sehr starken Sommergewitter, wenn wieder alles, was sich verkrochen hat, erwacht.

Ich möchte Euch allen nochmals danken und hoffe, daß mir Reiki weiterhilft und daß ich vielleicht auch einmal jemandem so helfen kann, wie Ihr es bei mir getan habt.

Ich habe gestern schon allen Menschen, die mir diesen Weg gezeigt haben, Licht und Liebe geschickt und möchte mich auch in diesem Sinn von Euch verabschieden.

Danke.«

*

»Vielleicht erinnern Sie sich an meinen Anruf, ob ich meinem Hund, der einen Tumor am Schwanzansatz hat, Reiki geben kann, weil ich Bedenken hatte, daß eventuell maligne Zellen auch von der Energie partizipieren könnten. Sie rieten mir, es unbedingt zu tun, da durch diese Maßnahmen schon Tumore verschwunden seien. Da aber der Operationstermin wenige Tage später schon feststand, war es eigentlich zu kurz, um Veränderungen herbeizuführen.

Am Operationstag bekam ich frühmorgens massive Erscheinungen einer Gleichgewichtsnervenentzündung, so daß der Eingriff auf unbestimmte Zeit verschoben wurde. Meinem Hund gab ich trotz meines Schwindels weiter Reiki und siehe da, der Tumor ist schon kleiner geworden!

Ich bin so überwältigt und dankbar, daß es schon so kurze Zeit nach der Einweihung in Kitzingen geschehen durfte, die Kraft von Reiki beinahe am eigenen Leib erfahren zu können. Ich werde Caesar weiterhin soviel Energie zukommen lassen wie er benötigt, in der Hoffnung, den Tumor zum Verschwinden zu bringen.«

*

»Eine Nachbarin hatte sich einen komplizierten Schlüsselbeinbruch bei einem Sturz vom Fahrrad zugezogen. Der Bruch wollte drei Wochen nach dem Unfall immer noch nicht heilen. Der Arzt hatte der Nachbarin eine Woche Zeit gegeben, danach sollte operiert werden. Die Nachbarin bekam an vier Tagen hintereinander Reiki, am Tag darauf war der Termin für die Röntgenuntersuchung im Hinblick auf die eventuelle Operation. Die Kontrolle ergab, daß sich die Knochen an der Bruchstelle einander angenähert und daß sich Callus gebildet hatte. Die Nachbarin mußte nicht operiert werden.«

⁜

»Eine etwa 55jährige Klientin kam total abgemagert, in gebeugter Haltung zu mir. Sie berichtete mir, daß sie nichts im Magen behielte, nicht schlafen könne und an schweren Kopfschmerzen litte. Für alles hatte sie entsprechende Medikamente bekommen, nichts aber hatte angeschlagen. Sie war auf unbestimmte Zeit krank geschrieben; eine stationäre Behandlung an einer psychosomatischen Klinik war bereits in Aussicht genommen worden. Ich behandelte die Frau sechsmal hintereinander, nur durch einen Sonntag unterbrochen. Bereits bei der dritten Behandlung bemerkte ich eine deutliche Veränderung im Teint und in den Augen. Die Klientin war aber spürbar skeptisch. Nach der vierten Behandlung konnte das Medikament gegen das Erbrechen abgesetzt werden, Nahrung wurde behalten, Schlaf trat wieder ein, die Kopfschmerzen wurden weniger, nach der sechsten Behandlung wirkte die Klientin um mehrere Jahre jünger, konnte voller Dankbarkeit nach wenigen Tagen die Berufstätigkeit wieder aufnehmen. Sie meldete sich einige Zeit später am Telefon, um mir mitzuteilen, daß alles in Ordnung sei.«

⁜

»Eine junge Mutter mit zwei chronisch kranken Kindern, eines davon Mehrfachallergiker, kam völlig entkräftet zu mir. Trennung vom Ehemann und erhebliche Schwierigkeiten in ihrem freien Beruf hatten sie zudem an den Rand des Zusammenbruchs gebracht. Ich behandelte die Frau an vier Tagen hintereinander und zwei weitere Male mit wenigen Tagen Pause dazwischen. Der ursprüngliche Zustand war beseitigt, die Lebensenergie wiederhergestellt. Seit der Behandlung waren etwa vier Wochen vergangen, da berichtet die Frau, wie gut sie sich nach wie vor fühlt und wie dankbar sie ist, Reiki für sich und ihre Kinder empfangen zu dürfen.«

⁜

»Ein 51jähriger Postbeamter kam zu mir; er fühlte sich durch seinen neuen Vorgesetzten arg schlecht behandelt; der Konflikt ließ den Mann kaum mehr schlafen, und sein Magen stand, wie er es nannte, immer öfter ›still‹. Nach vier aufeinanderfolgenden Behandlungstagen war bereits so viel Ruhe und Gelassenheit erreicht, daß er den Konflikt mit seinem Vorgesetzten ruhiger und klar zu seinem Vorteil bestehen konnte. Ab der sechsten Behandlung beginnen nunmehr auch Magen und Darm ›lebendig‹ zu werden. Wir arbeiten weiter zusammen, weil er sich nach mehr gefühlsmäßiger Lebendigkeit und einem erfüllteren Leben sehnt.«

*

»Die Tage mit Euch, besonders auch auf Safari, sind für mich unvergeßlich, und ich bin so dankbar für dieses schöne Erlebnis. Reiki hat auch in mir vieles ge- und eröffnet und ist für mich ganz sicher ein besonderer Meilenstein in meinem Dasein. Ich habe nur positive Erfahrungen und Erlebnisse mit Reiki erfahren dürfen, am meisten spüre ich Veränderungen jedoch in mir, in meinen Händen, die ich bis dato noch nie so geschätzt und erlebt habe und auch im besonderen im Umgang mit den Menschen, alles ist sehr viel lebenswerter geworden und ich bin sehr dankbar dafür. Wo ich kann und Chance habe, arbeite ich mit Reiki an mir und fühle mich sehr viel gesünder, gelassener und sicherer. Ein Erlebnis will ich Euch noch erzählen. Vor etwa zwei Wochen bekam ich ganz plötzlich aus heiterem Himmel heftige Leibschmerzen, ich konnte weder sitzen, stehen, liegen, noch mich bewegen. J. brachte mich zum Arzt, der jedoch noch nicht da war. Auf seiner Liege besann ich mich auf Reiki, legte die Hände auf meinen schmerzenden Leib und augenblicklich wurde der Schmerz erträglich und verschwand nach etwa 10 Minuten. Als der Doktor dann ankam war alles vorbei. Es war nach seiner Diagnose ein Nierenstein in der Harnröhre, der mit einemmal seinen Weg nach außen oder in die Blase fand. Natürlich habe ich dem Arzt nichts von Reiki erzählt, er hätte es mir doch nicht geglaubt, aber ich bin um ein Erlebnis und einen Beweis reicher geworden, wie wundervoll Reiki hilft. Diese und viele andere Erfahrungen drängen mich, den Weg weiter zu beschreiten. Ich möchte auf jeden Fall den Reiki II Kursus belegen.«

❊

»Mein Mann fuhr einige Tage in unser Haus (in dem seine Ex-Schwiegermutter noch wohnt). Am nächsten Morgen rief er an, D. hat wieder eine Gallenkolik. Ich sagte meinem Mann, lege 15 Minuten deine Hand auf die Galle, die andere entgegengesetzt auf den Rücken. Ich setzte mich dann auf die Couch und behandelte meine Galle und bat für D. um Hilfe. 20 Minuten später rief mein Mann an, die Kolik ist weg (bei vorangehenden Koliken lag D. immer eine Woche im Bett mit Krämpfen und Erbrechen, ohne Arzt ging es nicht). Ein Erlebnis, kurz nachdem ich Reiki I empfangen hatte.

Danke.«

❊

»Während der letzten Zeit vor den Ferien durfte ich durch Reiki wieder helfen. Das Erfühlen der Störfelder in der Aura erleichtert vieles.

Da hatte ein Mann einen ganz giftigen Stich am Oberarm, was ich nicht wußte. Ich spürte den Schmerz an der Schulter und behandelte die Stelle. Tags drauf erst zeigte mir der Mann den Stich; er war deutlich abgeklungen und damit die Beschwerden. Eine meiner Katzen hatte einen schlimmen Abszeß im Gesicht. Nach zweimaliger Behandlung entleerte sich dieser nach innen. Etwas Derartiges hatte ich noch nie gesehen.«

❊

»Euch beiden recht herzlichen Dank für Euren Einsatz bei der Verbreitung von Reiki. Dieses Reiki ist unseres Erachtens ein riesiger Segen für die Menschheit. Es war uns in letzter Zeit vergönnt, einige sogenannte ›hoffnungslose Fälle‹ behandeln zu können und die Personen in relativ kurzer Zeit wieder auf die Beine zu bringen.

Wir sind Euch, und ganz speziell dem Spender der Reiki-Kraft dankbar, daß wir die Energie vermitteln dürfen.«

⁂

»Nachdem ich Reiki I gemacht hatte, fragte ich meinen Mann, ob ich ihm einmal eine Behandlung machen dürfe. Er willigte ein, ohne große Begeisterung. Ich selber war glücklich darüber. Wir haben Probleme miteinander und ich dachte mir, jetzt kann ich ihm auf einer ganz anderen Wellenlänge etwas geben.

Er fand es angenehm, hatte nachher aber immer ›keine Zeit‹, also sagte ich ihm einfach: ›Wenn Du gerne eine Behandlung haben möchtest, dann kannst Du es mir sagen.‹ Dabei blieb es dann.

Am Mittwoch nun stürzte mein Mann auf beide Knie. Das eine blutete. Ich desinfizierte die Wunde, gab ein Pflaster darauf und machte sofort Reiki auf beide Knie, am Abend desgleichen, ebenfalls gestern mittag.

Gestern abend nun kam mein Mann nach Hause und sagte: ›Ich glaube, Du solltest mir noch mal Reiki machen. Das tut mir sehr gut.‹

Natürlich tat ich das gerne. Ich besah mir auch die Knie und mußte feststellen, daß es gar keinen Bluterguß gegeben hatte. Die Wunde war fast verheilt und die Geschwulst zurückgegangen.

Ich war selber erstaunt und natürlich sehr dankbar für diesen sichtbaren Beweis der Reiki-Kraft.

Dankbar auch, daß immer mehr Leute lernen, damit umzugehen. Ihr habt Euch eine schöne Lebensaufgabe gewählt.

Danke für Eure Hilfe.«

⁂

»Ich habe vor drei Wochen einen schönen und spürbaren ›Beweis‹ der Reiki-Kraft erhalten, als ich mir am Auge die Hornhaut ziemlich stark verletzt hatte. Zwei Tage lang hat C. mich behandelt und ich hatte keinerlei Beschwerden mehr. Auch der Augenarzt war über die Heilung erstaunt! Na, wenn der wüßte! (..)«

⁂

»Ich ging mit meinem Vater durch einen tiefen Reinigungsprozeß (Malaria = Sumpffieber), Reinigung bis in die Wurzel (1. Chakra). Dank Reiki vermochte ich eine ungeheuere Lebenskraft in ihm zu spüren, obwohl er optisch wie eine Leiche im Bett lag, kraftlos. Und mit Reiki konnte ich auch im Nu spüren, was sich täglich bei meinem Vater reinigte. Eine Schwester fragte mich einmal, was ich denn da mache und ich antwortete ihr, daß ich ihm Lebensenergie gebe. Das fand sie toll. Die Ärzte hatten gesagt, wenn er überhaupt durchkomme, müsse er bestimmt sechs Wochen im Krankenhaus bleiben. Die Realität: er wurde nach zwei Wochen entlassen.«

⁂

»Meiner krebskranken Mutter gebe ich regelmäßig Reiki, und ich habe die Hoffnung, daß die nächste, in diesem Zeitraum erwartete Krise mit einer einzigen Nacht, in der es ihr in der vergangenen Woche sehr schlecht ging, überwunden ist. Ihre, von dieser Krankheit unabhängigen Beinbeschwerden sind verschwunden. Meine Mutter wirkt auch viel gelöster und fröhlicher. Ich habe nicht mehr den Eindruck, daß sie so sehr von ihrer Krankheit niedergedrückt wird. Mir geht es im Augenblick auch recht gut. Ohne meine Gedanken verdrängt zu haben, bedrückt und belastet es mich zur Zeit nicht mehr so wie vor ›Reiki‹, wenn ich daran denke, meine Mutter eventuell nicht mehr lange zu haben.«

⁂

»Ein Bekannter ist seit Februar an einer Fistel am Steißbein erkrankt und wochenlang falsch ambulant behandelt worden. Ein kurzer, nicht vollständig ausgeführter Eingriff verschlimmerte alles nur noch. Ich will hier auch nicht weiter ausholen, nur soviel, daß der Bekannte plötzlich nachts mit einem Notarztwagen ins Krankenhaus eingeliefert werden mußte, die Wunde eiterte sehr und Antibiotika durften ihm nicht mehr verabreicht werden. Laut Aussage des Krankenhausarztes hatte er von 450 notwendigen »Helferzellen« (Weiße Blutkörperchen) nur noch 18! Es bestand höchste

Lebensgefahr für ihn. Nach einer sehr schweren Operation und auch nach seiner Krankenhausentlassung eiterte die Wunde immer noch. Er war sehr depressiv gestimmt. Da bat ich meinen Bekannten, zu mir zu kommen, damit ich ihm Reiki geben könnte. Er fühlte sich anschließend sehr wohl, hatte das Gefühl, auf Wolken zu liegen, ist je Behandlung (an vier Tagen hintereinander) jeweils eingeschlafen. Nach der ersten Behandlung am Abend und während der Nacht fing die Wunde plötzlich sehr stark an zu eitern (der ›Dreck‹ kam also aus der Wunde), er selbst fühlte sich auch sehr elend ab diesem Abend und hatte auch größere Schmerzen, das hielt dann etwa 24 Stunden an, bis zur nächsten Behandlung. Danach ging es ihm von Tag zu Tag sichtbar besser, und auch seelisch geht es ihm – er neigt zu Depressionen – ausgezeichnet.«

⁂

»Zuerst mal danke – danke. Es ist einfach wunderschön, jeden Tag Reiki fließen zu lassen. Meine Familie genießt es richtig. Bei meinem Mann sind die Schmerzen in den Beinen ›seit Jahren‹, verschwunden (Brandunfall). Daß ich meinen Mann behandeln darf, ist schon ein Geschenk. Er sagt, in den Beinen sei ihm jetzt so leicht, aber es wolle noch nicht in den Kopf!! Meine blinde Mama, die bei uns wohnt, freut sich auch jeden Tag auf die Behandlung.«

⁂

»Wegen einer schweren Hautkrankheit meines Sohnes habe ich einen Reiki-Behandler aufgesucht. Mit Erstaunen, Freude und Dankbarkeit konnte ich feststellen, wie durch Reiki nicht nur mein Sohn, sondern auch mein Mann, meine Freunde und ich geheilt wurden.«

⁂

»Im Januar habe ich den I. Grad und im April den II. Grad Reiki bei Edith und Horst erworben.

Ich habe mich von Anfang an fast täglich behandelt und bin glücklich, diese wunderbare Heilenergie auch anderen Menschen zukommen lassen zu dürfen.

Meine Mutter – 76 Jahre alt und dennoch sehr jung – stand diesem Geschehen eher ablehnend gegenüber. Ich hatte das Gefühl, sie kam sich etwas ausgeschlossen vor, weil es etwas Neues, Fremdes für sie war. Nein, sie möchte nicht behandelt werden. ›Macht Ihr man Eures alleine‹, hieß es.

Sie ist eine Frau, die nie über Schmerzen und Krankheit klagt, und auch dann teilt sie sich mir nur mit, wenn sie diese nicht mehr aushalten kann. So tat ihr auch schon einige Wochen ihre linke Hüfte sehr weh. Ich nahm erneut einen Anlauf und fragte sie, ob sie mir erlauben würde, ihr Fern-Reiki zu geben. – Ich durfte!! – Ich behandelte sie fünf Tage hintereinander ganz gründlich, dann kam es vor, daß ich auch mal einen Tag überspringen mußte. Nach einer Woche teilte sie mir mit, daß die Schmerzen in der Hüfte schon deutlich besser geworden wären und sie außerdem noch jede Nacht einen sehr guten Schlaf hätte; sie könne es gar nicht fassen … Nach der zweiten Behandlungswoche bat sie mich, sie doch einmal direkt zu behandeln, wenn ich Zeit hätte. Na, und ob ich Zeit hatte!! Diese und folgende Behandlungen taten ihr sichtlich gut, sie fühlte sich sehr wohl danach. Nach der dritten Behandlungswoche stand sie eines Tages vor mir, schlenkerte ihr linkes Bein durch die Luft und sagte mir ganz glücklich und etwas aufgeregt: ›Meine Schmerzen in der Hüfte sind ganz weg. Sieh mal, ich kann sogar mein Bein wieder herumwirbeln wie eine 17jährige. Sogar meine Krämpfe in den Beinen sind wie weggeblasen.‹ Sie wird von diesen Krämpfen seit Jahren in gewissen Abständen heimgesucht, und gerade in letzter Zeit hatte sie mehrere qualvolle Nächte zu überstehen.

Ich war ganz erfüllt mit Dankbarkeit – es ist für mich immer wieder ein Wunder – es macht sehr, sehr glücklich.

Ich hatte zu meiner Mutter immer ein gutes Verhältnis, aber es ist seit der Behandlung doch noch etwas anders geworden: herzlicher, persönlicher!«

*

»Während einer Meditationswoche beklagte sich H. über ihre tauben Füße. Sie sagte, sie hätte bereits viele Ärzte aufgesucht, jedoch konnte keiner ihr bisher helfen.

Ich bot ihr Reiki an. Nach einer einstündigen Rückenbehandlung sagte H.: ›Ich hatte das Gefühl, als würde mir jemand eine heiße Flüssigkeit durch die Wirbelsäule gießen.‹ Am nächsten Tag kam sie voller Freude zu mir: ›Stell Dir vor, ich habe wieder Gefühl in den Füßen.‹

Wir haben uns umarmt und unseren Dank für diese Heilung ausgesprochen.«

⁂

»Auf einem Seminar, das ich bei München absolvierte, beklagte sich der Hauskoch über starke Schmerzen im Schulterbereich. B. aus der Schweiz begann damit, ihm Reiki zu geben. B. hat den 1. Grad. Als ich mit dem Abwasch fertig war, behandelte B. den Kopf, so daß ich meine Hände auf den schmerzenden Schulterbereich legen konnte. Nach Abschluß der Behandlung sagte uns J.: ›Als Du Deine Hände auf meine Schultern aufgelegt hast, hatte ich das Gefühl, als würdest Du mir den Schmerz wie einen Faden aus der Schulter ziehen.‹

Daraufhin B.: Liebe Ch., das motiviert mich, schnellstens den zweiten Reikigrad zu machen.«

⁂

»Seit Reiki hat sich mein Leben total verändert. Ich fühle mich wie neugeboren, und jeder Tag ist ein Geschenk für mich.

Ich habe schon sehr viel Reiki weitergegeben und bei jeder Behandlung wunderschöne Dinge erlebt. Mit und durch Reiki habe ich das Gefühl, auch innerlich zu wachsen.

Das schönste Reiki-Erlebnis hatte ich an meinem Körper. Eine Woche nach dem Seminar rutschte ich in der Dusche aus und verletzte mich am Fuß, so daß ich nicht mehr aufstehen konnte. Ich hatte Abschürfungen und natürlich starke Schmerzen. Ich behandelte meinen Fuß sofort mit Reiki. Nach etwa 10 Minuten verspürte ich keine Schmerzen mehr, und der Fuß, der zuerst rot war, hatte inzwischen die Farbe gewechselt. Er war tiefblau und nach weiteren 20 Minuten Reiki, gelblich. Auch die Abschürfung hörte sofort zu bluten auf. Am nächsten Morgen hatte ich Mühe, meine Verletzung am Fuß wiederzufinden, denn es war nur noch ein kleiner Kratzer zu sehen. Ich war sehr froh, daß meine Jungs das alles miterlebten, denn sonst hätte ich geglaubt, es wäre nur ein Traum gewesen.

Mein Sohn Christian, 10 Jahre, kann gar nicht genug Reiki bekommen. Auch er hat sich mit Reiki verändert. Seine Leistungen in der Schule sind einfach toll. Vor jeder Schularbeit möchte er Reiki haben. Reiki ist einfach wunderschön.

Das Schönste an Reiki ist, daß sich die Menschen näherkommen. Es gibt keine Grenzen mehr. Wir sind wie eine große glückliche und harmonische Familie, obwohl wir uns zum Teil vorher gar nicht kannten.

Es ist wunderschön zu sehen, wie sich die Menschen mit Reiki positiv verändern. Sie sind ruhiger und strahlen Liebe aus. Würden alle Menschen Reiki empfangen, gäbe es keinen Haß, Neid und Krieg mehr.«

Ein Tier-Erlebnis

»Reiki ist mein Leben und ich durfte schon vielfach größere und kleine Wunder damit erleben. Ein ganz besonders schönes Erlebnis hatte ich mit dem Pferd unserer Tochter Julia.

Sie hat eine sehr eigenwillige Stute namens Betty, die es überhaupt nicht liebt, in einen Hänger zum Transport verladen zu werden. Unsere Julia war ganz unglücklich, wenn drei oder vier Männer eine Stunde oder fast noch länger brauchten, um das ach so störrische Tier mit Kampf und Krampf auf den Hänger zu verladen. Ich wollte nun die nächste Verladung mit Reiki unterstützen. Ich schickte schon vorher ein Fern-Reiki in die ganze Verladesituation. Dann stellte ich mich mit meinen Reiki-Händen zum Hänger, schickte alle Männer weg, und unsere Tochter kam mit ihrem Pferd Betty. Betty blieb vor dem Hänger stehen und wartete, ich ging zu ihr und hielt ihr die Hände hin, gerne nahm sie diese Energie auf, ich fing mit ihr an zu sprechen, erklärte ihr den Sinn des Verladens, warum und wieso sie verladen werden sollte. Auf einmal blickte sie mich an, dann meine Tochter und spazierte ganz allein, wie eine Königin, nach dem Motto – man muß mich ja nur richtig behandeln – in den Hänger hinein. Das war ein ganz besonderes Erlebnis für uns alle, für die Männer, die ich weggeschickt hatte, vielleicht ein Rätsel. Mich aber hat dieses Erleben wieder ganz tief mit Dankbarkeit für diese eine, alles umfassende Kraft der Liebe erfüllt.«

Seelischer Bereich

»Auf dem geistigen Weg hast Du entscheidend auf mein Leben Einfluß genommen, ohne Reiki, das ich von Dir gelernt habe, würde mir heute etwas Entscheidendes fehlen.«

*

»D. nimmt Situationen, die ihn sonst deprimiert oder wütend gemacht hätten, mit mehr Gelassenheit und blickt zuversichtlich in die Zukunft.«

*

»Die Reaktion auf das Reiki-Wochenende ist ganz deutlich in mir, ich fühle mich emotional ganz ›aufgewühlt‹ und weiß gleichzeitig, daß es mich zu großer Ruhe führen wird. Einfach phantastisch und wunderschön. Ich bin dankbar, daß ich das bei Dir erfahren durfte.«

*

»Lieber Horst! Seit Reiki I hat sich bei mir vieles verändert. Meine Augen sind heller und leuchtender – meine Hände schöner und weicher geworden. Ich bin dankbar, daß ich Kanal, daß ich Werkzeug sein darf, ja, daß ich die göttliche Energie sogar wie einen vibrierenden Strom am ganzen Körper spüren darf. Auch meine Ausstrahlung muß ganz anders sein, denn ich ziehe seitdem Menschen an, mit denen ich bisher kaum Kontakt hatte. In den letzten Wochen habe ich aber auch manche Fehler in mir entdeckt, die ich jahrelang gemacht habe – ohne es zu merken. Reiki hat mich vollkommen umgekrempelt. Ich bin aufgewacht und weiß jetzt: Dieser Weg ist richtig – diesen Weg will ich weitergehen.«

*

»An dem Reiki-Wochenende selbst habe ich noch nicht viel gespürt. Ich merkte nur, daß ich überhaupt kein Verlangen danach hatte, Musik zu hören oder den Fernseher anzustellen. Ich fühlte mich so ruhig und ausgeglichen, wurde abends dann auch schnell müde. Nachts habe ich viel geträumt. Jetzt acht Wochen nach dem Seminar, muß ich sagen, hat sich sehr viel getan. Ich gebe mir täglich Reiki. Fühle mich morgens gleich fit und munter, das hält meist den ganzen Tag an. Ich bin viel ruhiger geworden, setze mich selbst nicht mehr unter Streß und kann die Stille genießen. Auch die Zeit ist mir nicht mehr so wichtig. Ich trage zum Beispiel keine Armbanduhr mehr. Meine Einstellungen und meine Gefühle zu vielen Dingen in meinem Leben haben sich verändert. Ich gehe viel offener auf andere Menschen zu. Auch mein Chef sieht meine Entwicklung mit Freude. Zum Reiki selbst möchte ich Dir auch noch etwas schreiben. Meine Hände sind sensibler geworden. Ich brauche auch nur an Reiki zu denken, da werden sie schon warm und fangen an zu kribbeln. Bei einer Behandlung (bei einer Bekannten) hatte ich folgende Empfindungen: Die Kraft durchströmte mich so stark, daß mir ganz heiß wurde, der Schweiß lief herunter und mein Kopf wurde ganz rot. Nach der Behandlung fühlte ich mich aber wie vorher auch. Ich werde auch weiterhin fleißig mit Reiki arbeiten.

Ich danke Dir noch einmal herzlich und freue mich auf das Wiedersehen.«

*

»Liebe Edith, ich habe das Bedürfnis, mich zu bedanken für die wohltuenden, Klarheit und Nachdenklichkeit auslösenden Kräfte, die da Wirkung zeigten einschließlich meiner ungewohnt heftigen Kopfschmerzen! Ich konnte ihnen dank Deiner (Eurer) Hilfe auf den Grund gehen und Reiki als etwas erfahren, das nicht nur Herz und Hände aktiviert, sondern den Dreiklang Körper-Seele-Geist harmonisiert und in schwingender Balance halten kann. Dies und noch mehr wird mich üben und weiter machen lassen.«

⁂

»Reiki ist das größte Geschenk, das ich je erhalten durfte. Es führt mich auf den Weg, der mich dem Licht und der Liebe, ja mir selbst, näher bringt.«

⁂

»Ich möchte mich noch einmal recht herzlich für die wunderbare Woche in Eurem Seminar im Sommer bedanken – diese Woche hat so vieles in Bewegung gesetzt, was beinahe schon ›festgefroren‹ war, und mir den Mut gegeben, Mauern einzureißen, die ich als vermeintlichen Selbstschutz aufgebaut hatte – ohne sie lebt es sich viel besser und viel liebevoller. Reiki wende ich oft an, allerdings weniger die Ganz- als die Kurzbehandlung, und ich habe auch noch nie eine Absage bekommen, wenn ich es angeboten habe, selbst bei Menschen, bei denen ich es eigentlich nicht erwartet habe, und es ist ein schönes Gefühl, auch auf diese Art und Weise Liebe geben zu dürfen.«

⁂

»Reiki überwindet Zeit und Raum und verbindet Menschen, die sich etwas bedeuten, noch intensiver.«

⁂

»Reiki hat mir nach zweieinhalbjähriger Trauer, in der ich über den Verlust meines Mannes deprimiert war, wieder neuen Lebensmut gegeben, und ich bin wieder kreativ geworden.«

Erfahrungen und Eindrücke während eines Reiki-Seminares

»Ich komme aus einer Region, wo alles, was nicht mit normalen Sinnen erfaßt werden kann, tabu ist. Mein erster Eindruck war also die Erfahrung, daß es noch mehr Menschen gibt, die sich mit ›Übersinnlichem‹ befassen.

Bereits am ersten Abend empfand ich nur positive Schwingungen. Ich fühlte mich sehr wohl, wie seit langer Zeit nicht mehr. Obwohl ich bereits eine Reiki-Behandlung hinter mir hatte, war ich sehr neugierig, was mich wohl erwarten würde. In mir war ein großes Glücksgefühl. Ich habe bis heute den Eindruck, daß ich etwas lang Gesuchtes gefunden habe. Ebenso empfinde ich eine tiefe Dankbarkeit für das, was Du uns an diesem Wochenende vermittelt hast. Zugleich hat sich in mir eine große Ruhe ausgebreitet, ein Wissen darum, daß ich nicht mehr alleine bin, mir und anderen helfen kann. Mein Leben hat einen neuen Inhalt und ein neues Ziel bekommen. Besonders beeindruckt hat mich der letzte Tag, als ich bei allen Beteiligten eine leuchtende Aura wahrnehmen konnte. Reiki hatte also alle zum Leuchten gebracht. So schnell werde ich dies alles nicht vergessen. Ich freue mich bereits jetzt schon auf den 2. Grad Reiki-Kurs.«

❊

»Reiki ist für mich immer wieder ein Wunder!«

❊

»Schon früher wußte – oder glaubte – ich, daß das Leben einen anderen Sinn haben müsse, als sich im Alltag zeigt. Ich wußte nur nicht, wie ich dahinterkommen sollte und verschob die Sache deshalb immer wieder auf später.

Durch ›Zufall‹ kam ich zu Reiki. Die Einweihung war für mich eine ganz tolle Erfahrung, die mir das Licht in der Ferne zeigte und den Willen erzeugte, dieses Licht zu erreichen. Einige Blockaden wurden gelöst – nicht alle. Vielmehr wurde mir meine ›Krankheit‹ erst nach und nach bewußt. Aber der Kanal für den Kosmos wurde geöffnet und die Energie fließt wunderbar. Eine wahre Lawine wurde ausgelöst. Seitdem habe ich in der Heilung meiner Seele schöne Fortschritte gemacht und der Sinn, nach dem ich suche, wurde immer klarer. Ich (früher Kaufmann) möchte, wenn meine Kinder größer sind, anderen Menschen helfen, ihre Seele zu finden und zu heilen. Dabei wird Reiki eine große Rolle spielen. Bis dahin gibt es noch viel zu tun, doch ich habe erkannt: der Weg ist das Ziel! – und Reiki ist ein sehr schöner Weg.«

»Eine Freundin empfahl mir Reiki, als ich ihr von meinem krebskranken Hund erzählte. Um meinem Hund zu helfen, welcher sehr, sehr viel für mich bedeutet, nahm ich an einem Reiki-Seminar teil. Ich war sehr verzweifelt. Ich wußte, daß mein Hund bald sterben mußte und haderte mit Gott. Ich war nicht bereit, meinen Hund zu ›verlieren‹. Bereits am ersten Abend des Seminars gewann ich an – man könnte es vielleicht – Einsicht nennen. Ich durchlebte eine wunderbare Entwicklung während des Seminars. Wie stark oder weit ich mich entwickelt hatte, erfuhr ich erst, als ich wieder nach Hause kam. Mein Hund war nicht mehr fähig, mich zu begrüßen. Sie lag apathisch auf der Seite. Meine Mutter erzählte, daß sich dieser Zustand innerhalb weniger Stunden eingestellt habe. So schlimm dieser Anblick war, ich konnte keine Traurigkeit empfinden, nur Liebe und Freude, mit Reiki unterstützen zu können. Ich behandelte den Hund eine Stunde mit Reiki, und sie schien es zu genießen. Als jemand an der Tür klingelte, sprang mein Hund freudig bellend auf, um den Besucher schwanzwedelnd zu begrüßen. Meine Mutter war fassungslos, obwohl sie eine große Zweiflerin ist. Inzwischen ist der Tag gekommen, an dem ich meinen Hund ›gehenlassen‹ mußte. Dieser Tag, vor dem ich mich Jahre zuvor schon fürchtete, verlief sehr harmonisch. Ich habe die körperliche Hülle meines Hundes nicht ganz ohne Trauer – soweit bin ich wohl noch nicht – aber fast nur mit guten Gedanken loslassen können.

Heute glaube ich, daß dieser Hund seine irdische Aufgabe erfüllt hat, indem er mich zu Reiki gebracht hat. Obwohl ich inzwischen einen neuen Hund habe und mit ihm sehr glücklich bin, glaube ich, daß mein erster Hund ein besonderes Lebewesen war.«

❊

»Ich möchte Dir von ganzem Herzen danken, daß Du mich in Reiki eingeweiht hast. Mein Leben hat sich völlig verändert. Ich sehe das Leben als etwas Schönes und Liebenswertes.

Haß und ähnliche negative Eigenschaften lasse ich los. Ich bin inzwischen sehr sensitiv geworden, spüre die Gefühle der Menschen und fühle bei Reiki, welche Organe oder Zonen gelöst sind.«

❊

»Heute ging das Seminar leider zu Ende, aber ich habe in so kurzer Zeit so viel Schönes erlebt.

Die Einweihungen waren für mich so tiefgreifend. Ich spürte so viel Wärme und Liebe. Bei der vierten Einweihung war ich sicher, daß es Gottes Führung war, hier zu sein. Ich sah Tausende von Lichtern vor mir, die in mich hineinströmten. Dieses Gefühl kann ich mit Worten nicht beschreiben.

Ich danke Euch, daß ich das alles durch und mit Euch erfahren und erleben durfte.

Ich habe viele Jahre nach Liebe gesucht, Liebe, die von tief innen kommt und die grenzenlos ist. Leider habe ich immer nur oberflächliche Liebe kennengelernt.

Dank Eurer und Gottes Führung habe ich diese Liebe wiedergefunden. Reiki gibt mir die Hoffnung, noch mehr über diese grenzenlose Liebe zu erfahren. Ich möchte alles über Reiki wissen und lernen, weil ich überzeugt bin, daß auch ich mir dadurch näher komme. Ich glaube auch, daß sich mit Reiki meine Seele mehr entwickeln wird.

Ich freue mich schon heute auf das nächste Seminar mit Euch. Bis dahin werde ich vielen Menschen, aber vor allem mir selbst, Reiki geben. Ich möchte viele Erfahrungen sammeln, damit ich dann im Juni nächsten Jahres für den II. Grad bereit bin.

Ich möchte mich bei Euch bedanken, daß Ihr meinen Brief gelesen habt. Ich weiß, daß Ihr mich verstehen könnt. Ihr strahlt so viel Wärme und Liebe aus. Eure Schwingungen sind tief in mein Herz eingedrungen. Ich werde Euch nie vergessen. Ich liebe Dich Edith – und Dich natürlich auch Horst! Ich wünsche mir, daß sich mit und durch REIKI alle Menschen so grenzenlos lieben könnten, wie man es bei Euch zu spüren bekommt. Ich wünsche mir auch, daß nur noch Liebe und Harmonie das Universum beherrschen.

Vielen Dank und alles Liebe!«

Reiki zweiter Grad und Fernbehandlungen

»Am 17. Juli 1994 wurde ich von Horst in Graz in Reiki 2. Grad eingeweiht. Nachdem wir auch gelernt hatten, wie man Reiki auf vergangene Situationen geben kann, habe ich auf diese Weise meinen Lebensweg durchgemacht.

Ich muß noch vorausschicken, daß ich als Neugeborenes im Jahre 1945 in Ungarn zur Adoption freigegeben wurde.

Also habe ich auch auf meine Mutter, die mich geboren hat, Reiki gegeben. Dies habe ich noch etwa zweimal wiederholt.

Anfang November 1994 kam ein Brief vom Suchdienst des Österr. Roten Kreuzes. Ich dachte zuerst an meine leibliche Mutter – aber es kam anders. Meine Halbschwester rief mich gestern an (14. 12. 1994) und teilte mir mit, daß meine Mutter schon 1992 gestorben sei. Sie hat von mir ihr ganzes Leben nie etwas erwähnt – bis meine Schwester nach ihrem Tod die Adoptionsurkunde fand. Die Stimme meiner Schwester klang so freudig, daß auch ich nur Freude empfinden kann. Wir werden uns im Frühjahr 1995 in Ungarn treffen.

Ich bin jetzt aufgerufen, für beide – Mutter und Schwester – mit der Reiki-Kraft mich zu verbinden – was ich gerne tun werde.

Gehe zu dem, der schweigt...steht auf dem Billett – ich bin schon auf dem Wege.«

❊

»A. und ich haben Ende September einem Haus Reiki geschickt. Das Haus war vor zwei bis drei Jahren innen mit Farbe gestrichen worden und die Farbe verdunstete, wodurch Giftstoffe in der Luft nachweisbar waren. Die Frau des Hausbesitzers, eine leicht asthmatisch erkrankte Frau, wandte sich an eine Ärztin, die mittels Untersuchungen die Giftstoffe feststellte.

Behandlung des Hauses fünfmal (fünf Tage) hintereinander Reiki je 20 Minuten. Inzwischen sind keine Giftstoffe mehr in der Luft.

Jetzt nach einem Monat war die Frau zu einer Untersuchung bei jener Ärztin und auch körperlich sind diese Gifte (Lindan und ähnliche) nicht mehr nachweisbar.

Nun soll das Ganze noch wissenschaftlich (chemisch) untersucht werden. Auf das Untersuchungsergebnis bin ich gespannt.

Ich bin Gott dankbar, daß ich als Heilungskanal wirken darf und so viel Schönes mit Reiki erleben durfte.

Die Adresse und der Name sind mir bekannt.«

❊

»Für mich war dieses 2. Grad Seminar etwas ganz Besonderes, sehr tief und hat sehr viel in Bewegung gebracht. Ich bin seit etwa fünf Wochen ohne Schmerzmittel ausgekommen, mein Kopf ist frei und ich fühle mich wahnsinnig gut, ich bin stolz und dankbar zugleich, daß ich es bis jetzt geschafft habe und mit Gottes Hilfe und Reiki schaffe ich es auch weiterhin.«

❊

»Meiner total erkälteten Schwiegertochter habe ich Fern-Reiki geschickt. Sie sagte mir später, daß sie sich 10 Minuten lang ›mollig warm gefühlt‹ hat. Und 10 Min. dauerte meine Behandlung. Ich bin glücklich darüber.«

❊

»Eine Freundin, die mich vor einem halben Jahr besuchte, klagte über schon lange anhaltende Magenprobleme und daß nichts helfe. Das Gespräch lenkte ich auch auf Reiki, um ihre Einstellung herauszufinden. Damit war die Sache abgetan. Vor vier Wochen haben wir sie besucht und auf meine Frage nach ihrem Ergehen antwortete sie: ›Da habe ich überhaupt nichts mehr!‹ Ich antwortete nur: ›Wie schön!‹. Sie stockte und fragte gleich ›Muß ich da jetzt dran glauben?‹ Ich gab ihr zu verstehen, daß sie sich nur weiter wie bisher verhalten solle, dann ist es schon in Ordnung. Meine abendlichen ›Reiki-Fernbehandlungen‹ gehen weiter.«

⁕

»Lieber Horst! Gern möchte ich Dir erzählen, was ich mit Reiki II erlebt habe. Auf der Rückfahrt nach Berlin habe ich es das erste Mal geschafft, positiv gegenüber allen Autofahrern zu denken. Allen Rasern eine gute und sichere Heimfahrt zu wünschen und den Unfallbeteiligten auf der gegenüberliegenden Fahrbahn Fernreiki, falls gewünscht, zu senden.«

⁕

Frau mit Grippe, hier Originalton in Kurzfassung:

»12.30 Fern-Reiki: Kribbeln, heiß und kalt im ganzen Körper. Halskratzen weg, aber ich fühle mich noch so richtig lasch.

21.15 Fern-Reiki: Fühlte mich wohlig und geborgen und bin nach fünf Minuten eingeschlafen. Habe sehr gut geschlafen. Bin jetzt voller Kraft und Energie. Keiner im Geschäft hat mir geglaubt, daß ich Grippe hatte. Sie meinten, ob ich Ferien gemacht hätte.«

Bericht über meine ersten Fernreiki-Erfahrungen

»Ich bekam die Einweihung Reiki II bei Horst und Edith, wofür ich sehr dankbar bin.

Bereits ein paar Tage später konnte ich die göttliche Kraft auf ganz erstaunliche Weise anwenden.

Meine Freundin D. hatte Geburtstag, ein Tag, der bei ihr gern mit einem guten Glas Sekt und fröhlichen Gesprächen begangen wurde. D. ist eine gutaussehende Frau, lieb und temperamentvoll, sie lebt in guten Verhältnissen. Aber seit 10 Jahren lebt sie neben ihrem Mann ohne Liebe und Ansprache.

Am Abend ihres Geburtstages rief ich sie noch einmal an, nachdem ich vormittags vor ihrer verschlossenen Tür gewesen war und sie tagsüber auch nicht hatte erreichen können. Es hatte mich sehr verwundert.

Nun, sie beantwortete abends den Anruf. Als ich ihr Glück wünschen wollte, unterbrach sie mich vehement: ›Ich will keine Glückwünsche, Geschenke brauche ich auch nicht mehr. Für mich hat alles keinen Sinn mehr, ich habe keine Kraft mehr, es ist alles vorbei.‹

Schon ein paar Wochen vorher hatte sie mir gesagt, daß sie das Leben nicht mehr ertragen könne. Der Ton am Telefon ließ mich erschrocken aufhorchen. Ich wußte, daß dieses ein ernst gemeintes Ende bedeutete.

Ich bat D., mir eine Viertelstunde zu geben. Sie erklärte sich einverstanden, sich ganz ruhig in einen Sessel zu setzen, dann war das Gespräch beendet.

Ich eilte in mein ›Reiki-Zimmer‹ und setzte mich an mein kleines Tischchen, ich war sehr aufgeregt. Mit Inbrunst bat ich: ›Lieber Gott, Du mußt mir jetzt helfen, ich brauche Dich dringend.‹

Dann machte ich mein Zeichen, ihr Gesicht konnte ich mir visualisieren. Ich sagte ihren Namen und dann ein paar ruhige Sätze: ›Es gibt einen anderen Weg, ich fühle mich geborgen. Alle Möglichkeiten des Lebens stehen mir zur Verfügung.‹ Nachdem ich das dreimal gesagt hatte, visualisierte ich sie klein liegend in meinen Händen. Ich schickte ihr all meine Liebe, wovon mein Herz voll ist, und gab ihr ein Gefühl von Geborgenheit, und sah mit meinen inneren Augen, daß sie sich zufrieden in meine Hände kuschelte.

Nach einer Weile brach ich die Verbindung ab und ging wieder ins Wohnzimmer. Ruhe fand ich nicht, so daß ich mich nach einer halben Stunde auf den Weg zu ihrem Haus machte. Alles war finster, aber ich fand den Klingelknopf. D. öffnete die Tür, fiel mir um den Hals und sagte unter Tränen: ›Wenn es Dich nicht gäbe, wäre ich nicht mehr. Ich hatte alles vorbereitet, aber nach Deinem Anruf wurde ich ganz ruhig. Ich konnte Dich nicht anrufen, denn mein Mann kam.‹

In den nächsten Wochen bekam D. noch ein paarmal Reiki von mir. Sie scheint ein ganz neuer Mensch geworden zu sein. Sie selbst sagt: ›Ich fühle mich so glücklich wie nie zuvor in meinem Leben.‹

Als ich D. gestern sagte, daß ich das alles schreiben wollte, sagte sie: ›Ja, E. Du hast mir das Leben gerettet. Du hast die Einweihung bei Horst bekommen, damit der Liebe Gott Dich als Mittelsperson zur Verfügung hatte, um mir mein Leben zu retten.‹

Ich bin glücklich, daß ich Mittelsperson sein durfte.«

*

»Einleitend stelle ich fest, daß mit Reiki II eine ganz neue Reiki-Zeit bei mir begonnen hat. Nachdem ich, zuerst zögernd, ein paarmal Reiki gesandt habe, haute es mich doch vom Hocker. Es ist einfach wundervoll!!! Und noch immer bleibt mir die Spucke weg. Inzwischen habe ich mir ein Tagebuch angelegt, um Aussagen festzuhalten. Hier nun einige Ausschnitte:

Für eine Scheidungsverhandlung wurde ich gebeten, zum Zeitpunkt der Verhandlung Reiki zu senden. Die Empfängerin bekam Nasenbluten, mußte die Verhandlung verlassen und ihr Anwalt konnte so für sie ein optimales Ergebnis erzielen. Übrigens hinterher haben wir einen Zeitvergleich gemacht. Die Dame ist sehr emotionell.

Ein zweijähriger Hund hatte bereits drei Tage nichts gefressen und gesoffen und kippte nach jedem vierten Schritt um. Nach 10 Minuten Fern-Reiki sprang er vom Sofa, raste zum Wasser, soff alles aus, lief völlig normal und nach weiteren zwei Stunden fraß er seinen ganzen Napf leer. Seither ist alles in Ordnung.

Das Frauchen dieses Hundes hatte Lungenentzündung. An diesem Wochende fuhr ich in die Schweiz. Von dort aus gab ich Fern-Reiki. Nach viermal Fern-Reiki kam am Montagmorgen der Arzt vorbei und fand die Frau quietschvergnügt beim Abwasch. An diesem Morgen wollte er sie ins Krankenhaus einweisen. Nach einer

Untersuchung konnte er nichts mehr feststellen und verließ sehr verwundert die Wohnung.

Kleinkind hat Durchfall, Fieber und schreit die ganze Nacht. Mutter total fertig. Nach einmaligem Fern-Reiki haben das Kind und die Mutter die ganze Nacht durchgeschlafen. Beim Kind waren Durchfall und Fieber wie weggeblasen.

Bei einer Frau mit Übelkeit gab ich einmal Fern-Reiki. Daraufhin ist sie eingeschlafen. Nach etwa einer Stunde ist sie aufgewacht und alles war in Ordnung.

und und und ...

Was mich erstaunt, ist, daß Reiki zum Teil auch die Menschen zwingt, die krankmachenden Probleme anzuschauen. Nach Erkennen und Bearbeiten der Probleme erfolgte bisher immer eine spontane Heilung.«

*

»Bei einem Telefonat mit meinem Sohn erfuhr ich, daß seiner Freundin (sie wohnt 200 km entfernt) an diesem Tag bei Vollnarkose zwei Weisheitszähne herausoperiert wurden. Ich behandelte A. vier Tage mit Fern-Reiki. Als mein Sohn mich eine Woche später anrief, sagte er mir, daß A. keine Schmerzen nach dem Eingriff hatte und keine Schmerzmittel genommen hat.«

*

»Eines Tages hatte mein Chef eine so starke Erkältung, daß er nach Hause gehen mußte. Ich behandelte ihn mit Fern-Reiki. Als er dann nach zwei Tagen Urlaub und dem Wochenende wieder in die Firma kam, sagte er mir: Das war aber merkwürdig, ich habe mich ins Bett gelegt und am nächsten Tag bin ich ohne Beschwerden aufgestanden, nur meine Nase mußte ich noch putzen. Sonst hat eine so starke Erkältung bei mir immer einige Tage gedauert.‹ Ich erzählte ihm, daß ich ihm Reiki geschickt habe (an diesem Wochenende hatte er eine Feier und 40 Leute eingeladen).«

*

»Kurz nachdem C. N. erlöst wurde von ihrem schweren Leidensweg hatte ich, Horst, mit Dir telefoniert. Durch Reiki wurden ihr zum großen Teil, etwa bis zur letzten Woche vor ihrem Tod, die Einnahme von Schmerztabletten erspart. Mehrmals tagsüber habe ich ihr Fern-Reiki gegeben. Ihre Mutter und ihr Mann haben später bestätigt, wie gut es ihr anschließend gegangen sei. Ganz sanft durfte sie dann hinübergleiten zum Erstaunen aller, vornehmlich ihrer Ärztin, die ein schlimmes Martyrium vorausahnte und voraussagte.«

✳

»Warzen gehen weg mit Reiki.

1. Du gibst auf die Warze das Mentalheilungszeichen.
2. Affirmationen: Die gesunden Zellen stoßen die Warzenzellen oder entarteten Zellen ab. Die Warzenzellen lösen sich von den gesunden Zellen.
3. Verstärkung der Affirmation durch das entsprechende Zeichen.

Das machst Du einmal täglich. Die Warze wird dann zuerst ganz dick und groß. Sie kommt aus der Haut heraus. Nach etwa vier Wochen wird sie schwarz und fällt dann ab.

Erfolgreich behandelt habe ich Viruswarzen.«

✳

»Freitagabend war ich mit meinem Mann aus. Als wir heimkamen, wartete bereits unsere kleine Jenny (zwei Jahre) auf uns. Sie hatte kaum Stimme und hustete sehr. Ich gab ihr gleich Reiki auf die Brust, mit dem II. Grad. Die Hände taten mir weh. Unter meinen Händen hüpfte es immer. Es war so, als würden sich kleine Würmer weiterbewegen. – Entschuldigt, ich kann es nicht besser beschreiben. – Morgens hatte Jenny ihre klare Stimme wieder. Hustete vielleicht noch zweimal am Tage. Geblieben ist ein leichter Schnupfen. Ich bin ganz glücklich darüber.«

DANKSAGUNG

Wir bedanken uns mit aller Demut bei der göttlichen Quelle, die es vielen Menschen und auch uns gestattet, mit ihr in Kontakt zu kommen und mit dieser Energie arbeiten zu dürfen. Für den Weg des Reiki empfinden wir große Dankbarkeit gegenüber den Meistern, die ihn uns überlieferten und denen, die uns an die Hand nahmen und uns darauf begleiteten. Durch das Lehren dürfen wir viel lernen und danken allen unseren Seminarteilnehmern.

Die Begegnungen und die vielen Stunden der gemeinsamen Vertiefung und Rückbesinnung auf unseren Ursprung, haben unsere Herzen berührt, danke Bruce.

Wir denken auch an die Plätze der Kraft, an welchen wir Energie und Inspiration empfangen durften, um unsere Botschaften in diese Buchform übertragen zu können.

Ein herzliches Danke unserem Verleger, Herrn Peter Erd, für seine großartige Unterstützung und unserem Fotografen, Herrn Michael Weber für seine ach so große Geduld und Einfühlsamkeit!

Immer zur Stelle und jederzeit bereit, war unser Computer-Spezialist, Herr Christian Kalus! Mit seiner Hilfe war es uns möglich, alle Texte und Daten rechtzeitig in die fachgerechte Form zu bringen. Danke, Christian!

Edith Günther, Michèle Woeller und Horst H. Günther
Friedrichsdorf, Juli 1995

Informationen

Wer Informationen über die Reiki-Seminare der Autoren erhalten möchte, schreibe bitte an folgende Adresse (bitte mit frankiertem Rückumschlag):

Edith und Horst H. Günther
Postfach 15, D-61371 Friedrichsdorf

Eine internationale Adressen-Liste der Reiki-Meister, die Mitglieder in »The Reiki-Alliance« sind, kann angefordert werden bei:

The Reiki-Alliance
E. 33135 Canyon Road
Cataldo, ID, 83810, U.S.A.

Für Reiki-Praktizierende und Reiki-Meister gibt es eine Vereinigung. Es ist die Fördergemeinschaft Reiki-Praktizierender, abgekürzt unter der Bezeichnung FGR bekannt.

Unverbindliche Informationen sind über folgende Adresse zu erhalten:

Peter König, Reiki-Meister, praktizierender Reiki-Lehrer FGR,
Lindenstraße 2, 40699 Erkrath,
Telefon 02104/43335, Fax 02104/45395

Informationen über CREAMO®-Lebenshilfe-Seminare sind erhältlich bei:

Edith und Horst H. Günther
Postfach 15, D-61371 Friedrichsdorf

Informationen über Seminare »Energie der 12 Sonnen-Chakra-Strahlen« sind erhältlich bei:

Brigitte Müller, c/o Rosenstrahl AG, Lauenenrain
CH-3655 Sigriswil

Literatur- und Musikempfehlungen

Bücher

Bach, Edward, *Blumen, die durch die Seele heilen,* München 1979

Baginski, Bodo J./Sharamon, Shalila, *Reiki – Universale Lebensenergie,* Essen 1985

Baginski, Bodo J./Sharamon, Shalila, *Das Chakra-Handbuch,* Durach 1989

Brown, Fran, *Reiki Leben – Großmeisterin Takatas Lehren,* Essen 1993

Davis, Bruce, *Liebe heilt,* Planegg 1985

Davis, Bruce, *Blumen für Dich,* Planegg 1988

Diamond, John, *Der Körper lügt nicht,* Freiburg 1983

Diamond, John, *Die heilende Kraft der Emotionen,* Freiburg 1987

Diamond, Harvey und Marilyn, *Fit fürs Leben,* Ritterhude 1986

Dethlefsen, Thorwald, *Krankheit als Weg,* Gütersloh 1983

Foundation for Inner Peace, *Ein Kurs in Wundern,* Gutach 1994

Goodrich, Janet, *Natürlich besser sehen,* Freiburg 1986

Haberly, Helen J., *Reiki – Die Geschichte von Hawayo, Takata,* Olney 1991

Hay, Louise, *Heile Deinen Körper,* Freiburg 1983

Hay, Louise, *Liebe Deinen Körper,* Freiburg 1990

Hay, Louise, *Gesundheit für Körper und Seele,* Freiburg, 1989

Jampolsky, Gerald, *Die Kunst zu vergeben,* München 1987

Jampolsky, Gerald, *Wenn Deine Botschaft Liebe ist,* München 1983

Jampolsky, Gerald, *Lieben heißt die Angst verlieren,* München 1981

Kelder, Peter, *Die Fünf Tibeter,* Wessobrunn 1989

Kübler-Ross, Elisabeth, *Über den Tod und das Leben danach,* Melsbach 1985

Lützner, Hellmut, *Wie neugeboren durch Fasten,* München 1986

Lubecki, John, *Heile Dich selbst – Einstieg in die Kinesiologie,* München 1995

Moody, Raymond, *Das Licht von drüben,* Reinbek 1987

Müller, Brigitte/Günther, Horst, *Reiki – Heile Dich selbst,* München 1991

Powers, Rhea, *Zeit zur Freude,* Planegg 1987
Powers, Rhea, *Aufruf an die Lichtarbeiter,* Planegg 1987
Price, John R., *Deine Zukunft ist jetzt,* München 1988
Ray, Sondra, *Auch Lieben will gelernt sein,* München 1991
Ray, Sondra, *Kraft der Liebe,* Basel 1987
Rittmeyer, Ingo F., *Heilpraktiker werden, aber wie?,* Bad Camberg 1994
Rosanes-Berrett, Marilyn B., *Millionen könnten besser sehen,* Düsseldorf 1976
Schaerf, Helga, *Gesund mit basischer Kost,* München 1994
Scheffer, Mechthild, *Bach-Blüten-Therapie,* München 1981
Schubert, Ursula, B., Neutzler, Franz W., *Fasten und Essen,* München 1991
Siegel, Bernie, *Liebe, Medizin und Wunder,* Düsseldorf 1991
Weise, Devanando, Otfried, *Harmonische Ernährung,* München 1992
Werder, Eva B., *Stille Gespräche mit dem Herrn,* Bietigheim 1983
Yogananda, Paramahansa, *Autobiographie eines Yogi,* Bern/München 1979

Musik-Kassetten

Aeoliah: *Majesty, Inner Sanctum, Angel Love* – Eric Berglund: *Angel Harp Music* – Chrystalia: *Angels of Healing* – Steven Halpern: *Spectrum Suite* – Iasos: *Angelic Music* – Kitaro: *Oasis* – Daniel Kobialka: *Path of Joy* – Micon: *Song for Healing* – Mike Rowland: *The Fairy Ring* – Sandelan: *Silence* – Vijayananda: *Healing Hands, Healing Waters* – Paramahansa Yogananda: *Cosmic Shants, The Divine Gipsy* – Zimmermann: *Music for Relaxation 1 bis 6*

Visualisations-Kassetten

Die Reiki-Selbstbehandlung, eine geführte Reiki-Selbstbehandlung von und mit Edith und Horst H. Günther, mit Musik-Untermalung, Verlag Peter Erd.

CREAMO – Neue Wege gehen, eine geführte Meditation zur Entdeckung der inneren Fähigkeiten und Möglichkeiten von und mit Horst H. Günther, mit Musik-Untermalung: Sky Dreams und Laguna Blue, Verlag Peter Erd.

Reiki Chakra-Selbstbehandlung, Affirmationen mit geführter Visualisation, von und mit Brigitte Müller, mit Musik-Untermalung von Mark Hoffmann, Verlag Peter Erd.

Welt-Heilungs-Meditation, zum Welt-Heilungs-Tag am 31.12. jeden Jahres und am Letzten eines jeden Monats, von J. R. Price, mit Musik von Aeoliah und Eric Berglund/Amy Schick, zusammengestellt und gesprochen von Brigitte Müller.

Karten

CREAMO Cards, Karten zur Bewußtseins-Erweiterung von Horst H. Günther und Dr. V. A. Maximilian, ein Set von 64 Karten mit Anleitung, um seine Fähigkeiten besser entdecken und nutzen zu können, Verlag Peter Erd.

Karten der Kraft, Tierkarten mit Begleitbuch von Jamie Sams und David Carsons.

Brigitte Müller/Horst H. Günther

Reiki – Heile Dich selbst

250 Seiten, kartoniert
ISBN 3-8138-0209-4

Bestseller
13. Auflage

Bücher aus dem Peter-Erd-Programm finden Sie überall im Buchhandel.
Fordern Sie das kostenlose Gesamtverzeichnis an bei:
Verlag Peter Erd
Gaißacher Straße 18
81371 München
Telefon (0 89) 7 25 30 04
Fax (0 89) 7 25 01 41

Reiki, das neue Zauberwort! Reiki ist eine uralte Technik der Handheilung, die vor rund 2500 Jahren von tibetanischen Mönchen erfunden und 1892 von dem japanischen Mönch Mikao Usui wiederentdeckt worden ist. Im Usui-System des Reiki wird die heilende Energie durch das Auflegen der Hände spontan und ohne Konzentration weitergeleitet, entweder in den eigenen Körper oder in einen anderen Organismus. Die Stärke der vermittelten Energie richtet sich nach dem Bedarf des Empfängers. Reiki geht durch jedes Material wie Kleidung, Gips-Verband, Bandagen, Metall usw. hindurch. Reiki bringt Körper und Gemüt ins Gleichgewicht und wirkt auf allen Ebenen. Reiki fördert die Selbst-Heilung, kräftigt Körper und Geist, löst Blockaden auf, reinigt von Giften, gleicht die Chakren aus und stellt die Harmonie wieder her. Praxisnah und anhand von über 80 Abbildungen werden die verschiedenen Anwendungsmöglichkeiten von Reiki gezeigt.